BLIOTHÈQUE DE L'ARMEE FRANÇAISE

ÉTUDE SUR LE TIR
DES
ARMES PORTATIVES

30 cent. dans toutes les librairies

35 cent. franco par la poste

PARIS
11, PLACE SAINT-ANDRÉ-DES-ARTS

LIMOGES
RUE MANIGNE, 18

HENRI CHARLES-LAVAUZELLE, ÉDITEUR

ÉTUDE SUR LE TIR

DES

ARMES PORTATIVES

EN FRANCE ET A L'ÉTRANGER

PETITE BIBLIOTHÈQUE DE L'ARMÉE FRANÇAISE

ÉTUDE SUR LE TIR

DES

ARMES PORTATIVES

EN FRANCE ET A L'ÉTRANGER

Méthodes d'instruction. — Pratique du Tir. — Tir de guerre.

PARIS ET LIMOGES
IMPRIMERIE, LIBRAIRIE ET PAPETERIE
HENRI CHARLES-LAVAUZELLE
Imprimeur militaire

APPENDICE

AU

MANUEL DE L'INSTRUCTEUR DE TIR

PREMIÈRE PARTIE

CHAPITRE PREMIER.

Quelques mots sur le Rapport au Ministre.

Il me semble nécessaire, tout d'abord, d'appeler l'attention sur un paragraphe du rapport au Ministre, donné en tête du manuel, paragraphe qui caractérise très exactement l'esprit et le but de l'ouvrage, traitant de la théorie du tir.

Page 2 : « Il n'a pas été facile de trouver une » rédaction qui, contenant la balistique entière,

» écartât d'une façon presque absolue les expres-
» sions scientifiques, car il a fallu constamment
» cotoyer la science sans jamais y entrer.

» La Commission a fait tous ses efforts pour
» arriver à ce résultat ; elle espère avoir réussi à
» présenter ces matières délicates sous une forme
» intelligible pour le *plus grand nombre.* »

« Le plus grand nombre » signifie ici la *plupart des gradés.*

Donc, tous les officiers et tous les sous-officiers, — les leçons faites aux caporaux sont plus élémentaires, page 107, — doivent pouvoir être considérés comme instructeurs de tir, c'est-à-dire avoir la connaissance complète et raisonnée des matières contenues dans le Manuel.

Pour ce qui est des officiers, ces exigences sont partiellement fondées ; je dis partiellement, me réservant d'expliquer ma pensée. D'autre part, pour ce qui est des sous-officiers, on peut affirmer sans crainte d'être démenti que les prétentions du Manuel sont d'une hardiesse que l'expérience et le raisonnement viennent malheureusement infirmer.

Les officiers de tir des bataillons, qui ont à cœur de satisfaire à toutes les obligations que leur impose le texte du règlement, se voient forcés d'entrer dans des explications et des développements affolant leur auditoire.

Ils se donnent beaucoup de mal, beaucoup de peine, pour arriver à un résultat presque toujours négatif, résultat prévu et forcément amené par la nature même du sujet.

Qu'on ne vienne pas m'accuser d'exagération ; il suffit, pour se convaincre du bien fondé de mon dire, de se rappeler certains articles de la première partie du Manuel, entre autres l'article 6, « conditions que doit remplir le fusil d'infanterie », et l'article 3 du chapitre 2, « dérivation ».

Malgré toute la peine prise par la Commission de rédaction, les matières délicates traitées dans les deux chapitres de la première partie sont et demeurent inintelligibles pour le plus grand nombre.

Ce résultat, qu'il était logique de prévoi·, aurait dû inspirer à la Commission de rédaction une méthode d'exposition plus rationnelle, méthode dont nous trouvons l'application intelligente dans l'*Instruction du 8 février 1881*, à l'usage de l'infanterie suisse

La partie de cette instruction consacrée à la théorie du tir comprend trois chapitres bien distincts :

Le chapitre Ier étale la théorie élémentaire qu'il est aisé de faire absorber par toutes les intelligences.

Le chapitre II traite la question à un point de vue plus élevé permettant aux officiers de parfaire leur instruction théorique et leur donnant les moyens de s'orienter.

Le chapitre III, dont je ferai simplement mention, traite du tir de combat.

Il serait à désirer que le Manuel du 12 février 1877, subissant une refonte ou une transformation, s'engageât, pour ce qui est spécial à sa première partie, dans la voie si heureusement inaugurée par l'instruction suisse.

Un bénéfice sérieux en serait acquis pour tous.

Les intelligences peu favorisées ou insuffisamment développées par l'instruction première seraient placées dans un milieu nettement circonscrit et n'auraient plus alors à errer dans la nuit, à la recherche pénible de quelque vacillante clarté. Chacun sachant exactement ce qu'il a à connaître et, cette connaissance obligatoire étant fondée sur l'état de ses facultés, plus d'excuses à l'insuffisance, plus de déplacements de responsabilité.

J'ai dit, j'y reviens maintenant, que les exigences du Manuel, telles qu'elles sont définies dans les chapitres de la première partie, n'étaient que *partiellement* fondées pour ce qui concerne les officiers.

Il est équitable, en effet, avant d'exiger de s'assurer que l'obligé se trouve en état de possibilité; c'est ce qui n'a pas lieu.

Aujourd'hui encore, les officiers désireux de voir d'un peu près les problèmes balistiques en sont réduits à consulter les ouvrages spéciaux ; pour n'en citer que quelques-uns :

Les écrits si recommandables de M. le commandant Pasquier, sur lesquels fâcheusement l'entente est loin d'être complète ;

L'ouvrage du capitaine Bert, qui, quoique excellent en beaucoup de parties, ne répond qu'imparfaitement à nos besoins ;

Enfin, le récent livre de M. le commandant Robert, fort utile à consulter sur certaines questions, mais avec beaucoup de défaillances en bien des chapitres.

J'ai pu me convaincre que les cours professés dans les établissements spéciaux, écoles militaires, écoles de tir, n'étaient guère plus abondants en détails pratiques ; il résulte logiquement de ce vague, de cette absence de documents sérieux, positifs, que beaucoup d'officiers sont gênés pour appuyer leurs leçons de toutes les explications et de tous les développements qu'elles comportent. Cette gêne est fondée, surtout lorsqu'il s'agit de commenter les tableaux faisant suite au Manuel et de retrouver les éléments du calcul.

Les hésitations, les incertitudes cesseraient du jour où le Manuel élèverait son enseignement, consacrant un chapitre spécial à ces divers problèmes.

Qu'on ne s'en exagère pas la difficulté : ils sont tous d'une enfantine simplicité ; je n'insiste pas. La deuxième partie de cette étude, « notions et problèmes balistiques », renseignera à cet égard.

J'espère, dans cette première observation qui m'est inspirée par un paragraphe du rapport au ministre, avoir montré comment, à mon avis, devrait être conçue la partie de notre Manuel traitant de la théorie du tir.

Je me résume.

Deux parties bien tranchées :

L'une donnant la théorie élémentaire à l'usage de tous ;

L'autre traitant la question à un point de vue plus élevé, spéciale aux officiers et leur octroyant la faculté de résoudre facilement tous les problèmes balistiques, en puisant les éléments du calcul à un seul et même document, ce qui garantit la similitude des résultats.

Ceci dit, passons outre.

Avant de pénétrer dans le corps même du Manuel, je me laisserai encore arrêter par son paragraphe final.

« La Commission, dans la 4e partie du Manuel » ou partie complémentaire, a groupé quelques

» renseignements comparatifs sur la valeur ba-
» listique des diverses armes françaises et des ar-
» mes en usage dans les principales armées étran-
» gères. Ces renseignements font ressortir le rang
» honorable que le fusil français tient parmi les
» meilleurs. »

J'estime que les honorables signataires du rapport au ministre ont péché ici par excès de modestie.

Ils auraient pu dire avec raison que le fusil français tient le rang le plus honorable parmi les meilleurs.

Mais, ces questions de priorité ne sont que secondaires; comme le dit encore le Manuel (page 117) : « Les différentes puissances sont ac-
» tuellement armées d'engins de valeur à peu
» égale. Ce qui fait que, sur le champ de bataille,
» l'avantage restera à la troupe qui sait le mieux
» utiliser la puissance de ses armes. »

Les Allemands sont complètement convaincus de la très grande vérité de cette observation.

Les Allemands possèdent, de leur propre aveu, une arme moins privilégiée que la nôtre, pour ce qui est de la justesse du tir et de la tension de la trajectoire. Ces différences, d'abord peu sensibles, s'accentuent assez notablement aux distances moyennes.

Quoi qu'il en soit, nos voisins confessent sans gêne cette infériorité, ayant la persuasion de posséder un outil bien plus redoutable que le nôtre, et cela, uniquement parce que leur infanterie est plus apte que la nôtre (ils le veulent ainsi) à utiliser toute la puissance de son armement.

Cette confiance que les Allemands ont en eux, nous n'avons pas le droit de la discuter; mais, certes, nous devons faire tout ce qui dépend de nous pour la rendre à l'excès fragile et illusoire.

Le Manuel nous trace notre devoir (page 116) : « L'effet utile de la mousqueterie dé-
» pend de la précision du tir et de sa vitesse.......
» Or, la précision du tir et sa vitesse tiennent
» à la fois des qualités de l'arme et de l'*instruc-*
» *tion du soldat.* »

Les qualités requises, notre arme les possède; reste donc seule l'*instruction du soldat.*

C'est cette instruction du soldat qui nous est confiée que nous devons soigner, parfaire, rendre aussi excellente que possible, et si nous y appliquons résolûment tous nos talents, tout notre zèle, toute notre intelligence, nous pourrons, au jour du grand combat, nous présenter devant notre adversaire avec une confiance que Dieu seul est en droit de limiter.

CHAPITRE II

L'Organisation de l'Enseignement du Tir.

Nous savons tous quels sont, d'après le premier chapitre de la IIIe partie du Manuel, *les aides* du chef de corps assurant l'enseignement du tir dans le régiment.

Le lieutenant-colonel qui règle tous les détails de l'instruction et les soumet à l'approbation du chef de corps.

Les chefs de bataillon et les capitaines ayant la direction et la responsabilité de cette instruction.

Les agents chargés des détails sont : le capitaine de tir du régiment et les officiers de tir des bataillons.

Il est à remarquer que, dans l'art. 2 : « Ecole régimentaire de tir », il n'est pas une seule fois fait mention du commandant de la compagnie comme portant la responsabilité de l'instruction de ses hommes.

Les auteurs étrangers qui épluchent soigneusement nos règlements nous font un vif reproche de cette lacune voulant s'imaginer, — nous savons tous ce qui en est, — que le commandant de la compagnie se désintéresse de l'instruction de son cadre et de ses hommes, en laissant tout le souci, par suite toute la responsabilité, à l'officier de tir du bataillon.

Ce reproche, fondé en apparence sur un oubli du texte est purement illusoire, et nous devons considérer comme non avenues toutes les considérations spéculatives et oiseuses prenant ébats à ce sujet.

Certains règlements étrangers appuyent cependant avec plus d'énergie que le nôtre sur le rôle du commandant de la compagnie.

Des mieux définissant ce rôle sont les règlements allemand, italien et autrichien.

Le règlement italien engage très avant la responsabilité du commandant de la compagnie; nous reviendrons sur ce point.

L'instruction autrichienne confie au commandant de la compagnie, à l'arrivée des recrues, la rédaction d'une progression pour l'enseignement du tir, progression soumise à la sanction du chef de corps.

Dans l'armée anglaise, l'instruction des recrues étant donnée par bataillon, rien d'étonnant à ce que les capitaines s'abstiennent de toute participation à cette instruction. Ils doivent simplement se tenir au courant de la marche et du progrès général de l'enseignement.

Tout ce qui est tir regarde un officier spécial dit « *officer instructor in musketry* » en possession d'un « *first class certificate* » et responsable vis-à-vis du chef de corps de l'instruction du régiment.

L'officier de tir du régiment est aidé pour chaque bataillon par un officier « *assistant-officer-instructor* », gratifié d'un « *certificate of qualification* »; enfin, pour seconder ce dernier, un sous-officier ayant suivi les cours de l'école de tir et qualifié « *sergent instructor in musketry* ».

Lorsque l'instruction des recrues est terminée, le commandant de la compagnie ressaisit toutes ses prérogatives ; il dirige seul les exercices de tir à la cible, simplement assisté, pour les détails du matériel, par l'officier et le sous-officier de tir du bataillon.

Aux Etats-Unis, les dispositions sont identiques; les dénominations sont purement modifiées : « *regimental inspector* », à la place et au lieu de : *officer instructor in musketry.*

Le règlement hollandais suit les mêmes errements que ci-dessus.

Le règlement allemand admet par bataillon un officier de tir (quelquefois même un fahnrich porte-épée). Mais cet officier n'a rien à voir dans l'instruction qui reste l'affaire des seuls commandants de compagnie ; il ne s'occupe que de la police générale du terrain, de la surveillance des marqueurs et de la constatation des résultats obtenus.

CHAPITRE III

L'appréciation des distances.

Toutes les instructions sur le tir, à l'exception du règlement allemand, consacrent des paragraphes spéciaux aux exercices d'appréciation des distances.

On aurait tort de conclure, de la lacune de la Schiess-Instruktion du 15 novembre 1877, que cette partie de l'enseignement est négligée dans l'armée allemande. Nous savons tous combien est large, dans cette armée, la marge entre la pratique et la théorie ; nous en avons ici un nouvel exemple : point de prescriptions écrites, seulement des traditions.

Avant d'apprendre aux soldats à apprécier les distances, on leur enseigne à les mesurer au pas, en leur faisant connaître les relations qui existent entre leur pas habituel et une distance de 100 mètres.

En Autriche, on omet, pour une raison qui m'échappe, cet étalonnage du pas.

Inutile d'insister sur la méthode préconisée dans notre Manuel, qui consiste, en somme, à expliquer aux soldats que c'est par les différences qu'ils observent dans la netteté de la vision qu'ils peuvent apprécier les distances.

Les procédés d'instruction sont, à peu de chose près, les mêmes dans tous les règlements.

Je signalerai deux particularités : l'une dans l'armée anglaise, l'autre dans l'armée autrichienne.

Méthode anglaise pour apprécier les distances. — Soit un arbre M sur l'alignement duquel on porte deux hommes en (*a* et *b*) séparés par un intervalle de 20 yards (18 m.); en (*c*) à 10 yards en arrière de *b* un troisième homme. Un instructeur se déplaçant avec un groupe d'hommes sur la direction (*c x*) sème deux hommes de 50 en 50 yards jusqu'à la distance de 300 yards; en même temps et en face de ces deux hommes tout un chapelet d'instructeurs s'égrène sur la direction *c y*. Les

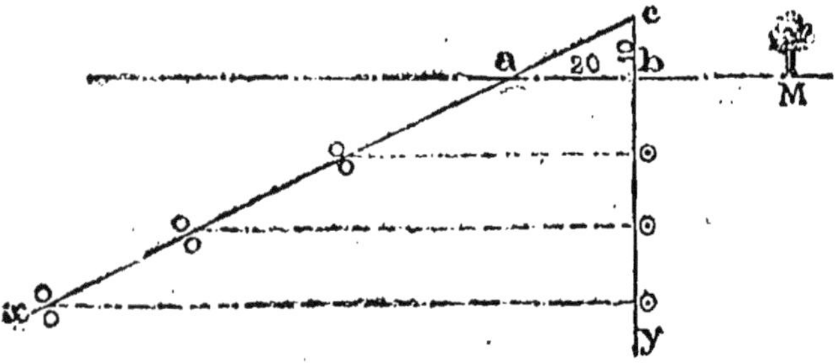

hommes à instruire passent successivement entre les mains de ces instructeurs qui leur font les remarques que nous savons sur la manière plus ou moins nette dont ils distinguent les groupes en face d'eux.

Cette méthode absorbe un grand nombre d'instructeurs, elle fait perdre beaucoup de temps, elle est en somme d'un compliqué qu'il est difficile de justifier.

Procédé particulier en usage en Autriche. —

En Autriche, outre la méthode générale, on emploie pour l'appréciation des petites distances un autre procédé qui consiste à avoir dans l'œil la longueur de 100 pas ou de 200 pas et à mesurer, à vue, combien de fois cette longueur est contenue dans celle que l'ont veut estimer.

Ce procédé est peu recommandable, il oblige à une très grande pratique.

Pratique suisse, permettant de se passer du mesurage au pas. — Pour tous les exercices que prescrit notre Manuel (pages 110 et 112), il y a toujours et toujours mesurage au pas.

Je trouve dans le règlement suisse (*Schiessinstruktion*, 8 février 1881, page 200) une pratique que je pense devoir signaler ; elle évite au moment de l'exercice de faire arpenter le terrain, et comme l'instructeur seul a la notion des distances réelles, toutes les garanties demeurent sauves.

On mesure sur une direction des longueurs variables que l'on jalonne au moyen de piquets ayant chacun un numéro d'ordre ou une lettre de série.

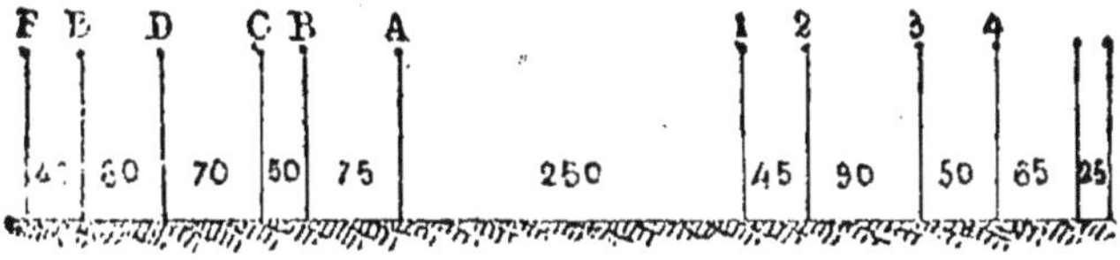

F E D C B A 1 2 3 4

40 60 70 50 75 250 45 90 50 65 25

Il y a ici 36 combinaisons :

A — 1 — 250	C — 1 — 355	etc.
A — 2 — 295	C — 2 — 400	
A — 3 — 385	C — 3 — 490	
A — 4 — 435	C — 4 — 540	etc.
etc.		

Corrections à faire subir aux distances appréciées. — Notre Manuel n'entre dans aucun détail sur les modifications qui surviennent à l'apparence des soldats quand le fond sur lequel ils se détachent change, qu'ils sont bien ou mal éclairés, etc.

Le règlement autrichien entre à ce sujet dans les détails les plus précis imprimés en gros caractères, c'est-à-dire devant être appris par les hommes.

§ 65. On doit tenir compte, dans l'estimation des distances : de l'éclairage, de la couleur, du fond, du terrain, de l'état de l'atmosphère.

Lorsque l'on a le soleil dans les yeux, on est porté à l'exagération ; avec le soleil dans le dos, l'inverse se produit.

Les objets de couleur voyante, se détachant sur un fond sombre, surtout lorsque celui-ci est bien éclairé, paraissent toujours plus rapprochés qu'ils ne le sont en réalité.

Par un temps sombre ou dans les demi-ténèbres les objets paraissent plus éloignés que pendant le jour.

Les objets sombres, mal éclairés, semblent toujours à une distance plus considérable. Des troupes revêtues d'uniformes sombres postées devant un bois paraissent plus éloignées qu'elles ne le sont de fait.

Lorsque le terrain s'étale en une pente régulière et uniforme l'estimation ascendante est entachée d'exagération ; l'estimation descendante, par contre, subit une erreur de réduction.

La vision s'égare sur des surfaces étendues d'un aspect uniforme : eau, neige, prairies, sables, bruyères ; elle rapproche les objets.

Lorsque, entre l'observateur et l'objet, s'interpose un obstacle : collines, bouquets d'arbres, cultures teintées diversement, surfaces absorbant les rayons lumineux (prairies humides, ravins obstrués de sapins, etc., l'estimation grandit les distances.

Elle les raccourcit, au contraire, lorsque le rayon visuel traverse un champ fouillé par des excavations et des ravins.

Il y a toujours erreur en plus lorsque l'on apprécie la distance dans une longue allée, sur une route, dans une gorge étroite à parois de rochers.

L'air sec et froid (en hiver, après un orage) montre les objets plus rapprochés.

L'air chargé d'humidité, un temps de brouillard, un atmosphère de feu, font apparaître les objets plus éloignés.

Par la pluie, la neige, à travers la fumée les objets sont grandis et rapprochés.

Le règlement suisse parle de ces corrections à apporter à l'appréciation des distances, avec une insistance non moins grande, § 447, 453; il exige de plus que chaque gradé soit muni d'une tablette établie en tenant un compte exact de de son coefficient d'acuité visuelle.

D'après le Manuel, l'appréciation des distances terminées, chaque homme règle sa hausse en conséquence ; cette disposition nous est commune avec l'instruction suisse.

Appréciation des distances pour les officiers. — Dans les exercices d'appréciation de distances pour les officiers, le Manuel prescrit l'usage de cartes, de moyens géométriques et de télémètres, sans pourtant définir le modèle du télémètre réglementaire.

Une décison ministérielle postérieure à la publication du Manuel a fait adopter dans les corps de troupe un méchant instrument qui n'est qu'une malheureuse imitation du télémètre Gaumé.

En Autriche, on fait usage du télémètre *Roksandic*; en Angleterre, du télémètre *Watkie*; en Suisse, de la *Stadia Goldsmidt*. En Italie, en Russie, en Belgique, on préfère les télémètres du système le *Boulengé*.

Limite de l'appréciation des distances pour le soldat. — Beaucoup de ceux qui me suivent ici se souviendront peut-être avoir lu, il y a quelque temps, dans le *Journal des Sciences Militaires*, une étude cherchant à démontrer l'exagération des prescriptions du Manuel, fixant à 800 mètres la distance, limite que les soldats doivent pouvoir apprécier.

Je crois que nous devons laisser à l'auteur les conclusions de son article et ne point les adopter. Notre règlement ne commande rien ici qui ne soit sagement mesuré.

Le règlement italien fait apprécier les distances aux soldats, jusqu'à 1,000 mètres (1).

Les instructions russe, américaine et danoise fixent les mêmes distances que notre Manuel.

En Hollande (2), Norwège, Suède et Autriche, on se tient entre 500 et 600 mètres.

Le règlement suisse ne fixe positivement aucune

---

(1) Misurare le distanze a passi (§ 72). — Stimare le distanze a vista fino a 500m (§ 76). — Stimare le distanze a vista fino a 1,000m (§ 86). — Stimare le distanze deducendole dal suano)§ 90).

(2) Hollande, 500m (§ 165). Voorschrift betreffende de wapenen en schietoefeningen bij de infanterie 1881.

distance; il se contente de recommander comme d'une utilité toute pratique les exercices à partir de 300 mètres. Le tableau G, servant de modèle pour l'inscription des résultats acquis pendant les séances d'appréciation, enregistre des distances de 350, 450, 520, 600, 800 et même 980 mètres; je crois néanmoins que, dans la pratique, on ne dépasse guère 750, 800 mètres.

Récompenses décernées aux soldats qui se distinguent dans les exercices. — En France, nous nous contentons de féliciter les hommes qui ont bien opéré et d'engager ceux qui se sont trompés à modifier leurs observations en raison des fautes commises (page 112).

Certaines dispositions sont en vigueur, dans quelques armées étrangères, pour récompenser les soldats qui se distinguent dans l'appréciation des distances.

En Angleterre, en Russie et aux Etats-Unis, on établit, comme pour le tir, un classement.

Aux Etat-Unis, les hommes doivent, pour avancer d'une classe à une autre, avoir satisfait à toutes les épreuves de la classe précédente.

En Suède, en Angleterre, en Italie, des récompenses pécuniaires sont accordées aux soldats les mieux exercés dans l'appréciation des distances.

En Suède, concours régimentaire :

2 prix de 6 couronnes
4 — 4 —
8 — 2 —

En Angleterre, concours par compagnie : le soldat le mieux exercé reçoit une livre ; les suivants, dans l'ordre des moyennes, 10 schellings.

En Italie, les choses se passent avec moins de

largesse. Le commandant de la compagnie établit une liste de classement, en donne lecture à la compagnie réunie et remet 4 francs au premier inscrit, et 2 francs au second.

Influence exercée par l'appréciation des distances sur le tir. — Quel est celui d'entre nous qu travaillant la fameuse formule du tir indirect :

$$H_x = H_a \pm \text{tg But} \mp \text{tg Site}.$$

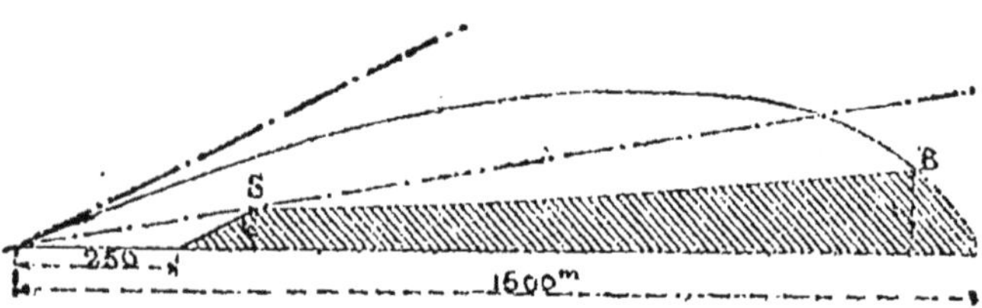

ne se soit pris à douter de l'application possible de cette formule, même dans les circonstances de guerre les moins désavantageuses.

Erreur dans l'appréciation des distances horizontales, erreur dans l'estimation des buts verticaux, accumulation d'erreurs qui rend le calcul inutile et conduit à un résultat purement négatif.

Il ne saurait en être autrement, et cela en dépit des réglettes, des tableaux, etc., n'en déplaise aux inventeurs de tous ces jolis petits instruments.

Je vais négliger l'erreur qu'entraîne l'estimation énoncée d'un but vertical ; les renseignements que je veux présenter, sur les conséquences du défaut d'approximation dans l'appréciation des distances horizontales, me suffisent.

Ces conséquences, on va le voir, sont très significatives.

L'expérience a montré que, jusqu'à 750 mètres, les soldats bien exercés pouvaient rester dans une erreur moyenne moindre que le 1/10 de la distance estimée.

Soit, pour la distance de 300 mèt. — 30 mèt.
pour celle de..... 600 mèt. — 60 mèt.

Considérons maintenant un tir sur une cible de 1 mèt. 80 de dimension. (Règlement suisse, p. 204.)

	FUSIL PEABODY M. 68		FUSIL A RÉPÉTITION VETTERLI M. 74.	
Distance connue.	300	600	300	600
Pour cent.......	79	52	62	562
Distance estimée avec erreur de:				
1 m pour 100 m	79	56	90	58
2 50 — 100	78	48	89	49
5 — 100	75	34	85	34
10 — 100	66	20	72	20
15 — 100	56	13	59	13

L'examen de ce tableau nous suscite trois observations :

1° Il est essentiel, surtout, d'exercer les soldats à l'estimation des distances moyennes.

2° Aux distances plus grandes que 550, — 600 mètres, les feux individuels perdent toute efficacité.

3° Il convient de leur substituer la salve avec une ou deux hausses pour racheter par la dispersion de la gerbe l'erreur amenée par l'estimation inexacte de la distance.

Article 5 du chapitre II. — Un dernier mot sur le chapitre II de la troisième partie pour faire ressortir l'excellence des préceptes de son article 5.

Les traités de tactique qui paraissent à l'étranger, en Allemagne spécialement, citent toujours cet article de notre Manuel, lorsqu'ils ont à traiter le sujet spécial qui y est indiqué.

Si je n'avais crainte de m'engager dans une voie qui n'est pas celle que je veux suivre ici, je citerai avec complaisance une brochure (1) qui, ces temps derniers, a mené grand tapage en Allemagne, quoiqu'elle soit signée de deux officiers étrangers; dans cette brochure, tout ce qui est essentiel à la défense éloignée repose sur la théorie *des points de passages importants*, théorie mise pour la première fois en lumière par notre Manuel.

Il y aurait peut-être ici une légère critique à faire relativement au mode de repérage recommandé par notre règlement. Des écrivains étrangers pensent qu'il serait préférable de chercher sur le terrain les points de passage des lignes distantes de 300, 500, 700 mèt., etc., et de tracer ainsi, autour de la position, des zones bien définies englobant le divers objectifs de tir.

Les troupes allemandes devant Paris avaient procédé de la sorte sur quelques points des secteurs dont elles avaient la surveillance. Nous trouvons, à ce sujet, quelques détails assez précis

---

(1) *Vas Infanterie feuer un Gefecht; Eine taktische Studi von F. Volkersen Hanpt man in 2e danischen I. R. und John Leerbech P. L. im danischen Generalstabe.* Berlin, LUCHARDT.

dans diverses monographies, notamment dans l'historique des opérations de la 1re brigade wurtembergeoise, général De Reitzenstein.

Il va sans dire qu'un règlement, quelque complet et soigné qu'il soit, ne peut prévoir tous les cas spéciaux; c'est alors au commandement à suppléer à ces lacunes inévitables, en donnant les instructions, les directives commandées par la particularité des circonstances.

Une expérience récente nous a malheureusement fait voir qu'en France, le commandement prenait peu ou nul souci de modifier, de plier au gré des circonstances la rigidité de nos règlements; aux évènements de se loger tant bien que mal dans le moule commun. Espérons qu'il n'en sera pas toujours ainsi et qu'il nous sera donné de trouver des généraux osant prendre sur eux d'innover, lorsque les circonstances les y obligent. Le grand exemple donné par le général Skobeleff doit porter ses fruits; je vise les fameuses Instructions du 18 décembre 1880, à l'adresse des troupes formant le corps de siège devant Geok-Tepé.

Au point de vue qui nous est plus spécial du tir de l'emploi et de la nature des feux, nous trouvons dans ces instructions des prescriptions fort recommandables.

Emploi exclusif des feux de salve. — Distance de tir. — Economie des munitions. — Distances repérées de nuit par des bûchers gardés par de petits postes, etc., etc.

CHAPITRE IV

Les exercices préparatoires de Tir.

La méthode d'instruction donnée par le Manuel est tellement parfaite, complète, qu'elle doit être proposée pour modèle à tous les règlements étrangers.

Quelques observations touchant non à l'esprit de la méthode, mais simplement aux questions de détails.

Chevalet de pointage. — Le Manuel parle d'un chevalet de pointage; je crois que, dans la pratique journalière, il fait le plus souvent défaut.

En Russie et aux Etat-Unis, on se sert de chevalets de pointage qui sont des fourches ou gouttières montées à articulation (comme la planchette topographique) sur un haut trépied. Dans le modèle américain, la fourche encastrant l'arme est commandée par un système de tiges (leviers) terminé par un étrier dans lequel se chausse le pied.

En Hollande, il existe un *richt-en-schietbok* dans le matériel de tir de chaque compagnie. (Fig. 12 du Règlement de 1881 déjà cité.)

Ces modèles sont compliqués, encombrants; je

leur préfère le type autrichien que je comparerai assez volontiers au tabouret de piano, sauf que le siège est remplacé par une fourche immobilisant l'arme.

On place ce chevalet sur une table et il est équilibré au moyen d'une vis calante.

Il est essentiel de faire des séances de pointage avec des cibles placées aux grandes distances. — L'article 253 de l'école du soldat nous fait réciter : « On donne l'instruction aux soldats sur le chevalet, en leur faisant comprendre que le but est censé placé aux distances pour lesquelles on leur fait appliquer les règles de tir. Il importe cependant, si le terrain le permet, de les exercer aussi à pointer sur des cibles placées réellement aux distances indiquées. »

Le Manuel dit également, page 127 : « Il est » essentiel de faire des séances de pointage avec » des cibles placées aux grandes distances. »

Le Manuel et l'Instruction anglaise sont, de tous les règlements sur le tir, les seuls qui appellent l'attention sur cet important exercice ; mais l'instruction anglaise est, à ce sujet, plus précise que la nôtre ; elle ne recommande pas, elle prescrit l'application des règles de tir aux distances réelles jusqu'à 900 yards.

Pointage à bras francs. — L'instructeur vérifie souvent le pointage en faisant viser son œil droit.

Le règlement autrichien nous enseigne ici une pratique très recommandable.

Il insiste d'abord sur l'importance des exercices quotidiens, mais qui ne doivent durer que peu de temps pour ne pas fatiguer l'attention des hommes ; jamais plus d'un quart d'heure, et cela à toutes les occasions pendant les pauses d'exercice, marches, etc.

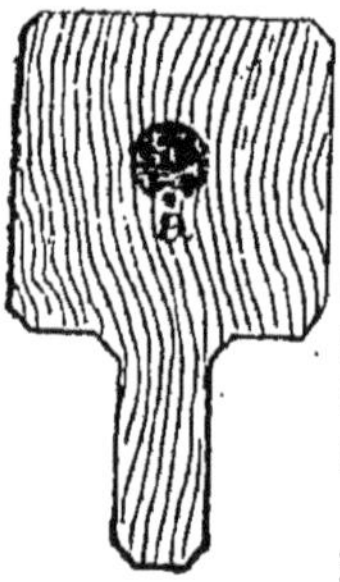

Les instructeurs se servent pour vérifier le pointage d'une planchette dont je trouve la figure à la page 38, § 90.

L'instructeur tenant la planchette devant l'œil droit fait viser le bas du noir et vérifie par le petit trou (*a*) si le soldat a bien dirigé la ligne de mire.

Appuyer le bras droit pour immobiliser la planchette.

Feu simulé par le départ du chien, immobilisé. — Le Manuel nous enseigne que, pour conserver l'immobilité du corps et de l'arme il faut retenir sa respiration et s'habituer à tirer *promptement*.

Ce promptement est vague ; les autres règlements sont tout aussi indécis ; l'instruction autrichienne seule prend soin de dissiper ce doute : « Le tireur, dit cette instruction, doit arriver à » viser et à lâcher son coup de feu pendant que » l'instructeur compte 1. 2. 3. 4. 5. 6., à la cadence du pas accéléré. »

Feu simulé par le départ du chien, action du doigt. — Le Manuel dit, quelques lignes plus bas, qu'il est essentiel que le tireur connaisse sa détente c'est-à-dire qu'il se rende bien compte de l'effort à exercer pour faire partir le coup.

C'est encore à l'instruction autrichienne, tellement ce règlement est détaillé, que nous allons

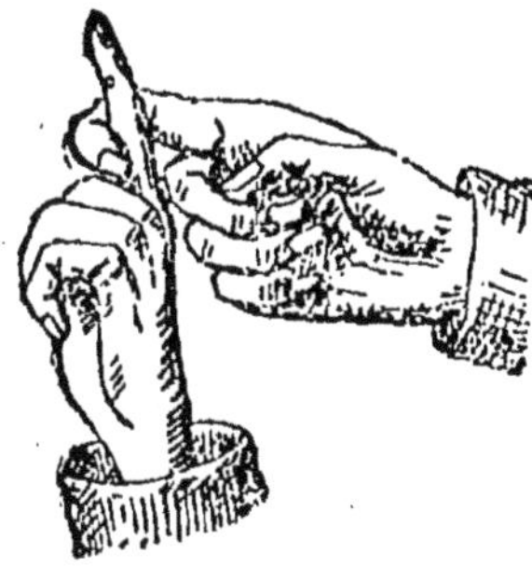

avoir recours pour indiquer un petit moyen d'une très utile application.

L'instructeur fait agir sur son index le doigt du soldat et s'assure ainsi que celui-ci sait agir progressivement sur la détente et qu'il se rend bien compte de l'effet à exercer pour faire partir le coup.

Positions du tireur. — Voyons maintenant les positions du tireur; nous en avons trois. Certains règlements en admettent une quatrième, voir même une cinquième comme le règlement belge : accroupie et assise.

Position du tireur debout. — Est partout la même, la seule différence à faire valoir est le fini plus ou moins grand des détails de la position.

Les données de notre Manuel sont très complètes; il insiste, en précisant, sur les modifications à apporter à la mise en joue à mesure que les hausses augmentent.

Quelques autres règlements semblent soupçonner ces modifications, — entre autres le règlement italien, — mais ils ne précisent pas et se contentent de très sommaires indications.

Les instructions allemande, hollandaise, belge et suisse n'en soufflent mot.

Position du tireur à genou. — Les détails de cette position varient peu dans les divers règlements.

Cependant je trouve, en lisant ces détails, que les règlements étrangers laissent aux hommes une plus grande latitude que notre Manuel pour trouver la position la plus commode pour eux. Ainsi, les instructions allemande (page 21) et norwégienne n'obligent pas du tout l'homme à placer le coude gauche sur la cuisse et près du genou, etc., etc.

Position du tireur couché. — Au point de vue des prescriptions relatives à la position du tireur couché, on peut classer les règlements en trois groupes :

1er *groupe* : J'y fais entrer les règlements belge, danois, autrichien et hollandais. Les hommes sont couchés dans la direction du coup de feu, les jambes écartées et appuyés sur les deux coudes.

2e *groupe* : Comprend les instructions française, allemande, suisse, norwégienne, anglaise, russe et américaine.

Il est recommandé aux hommes, pour diminuer l'effet du recul, de prendre une position oblique par rapport à la direction générale du tir.

« Jeter le corps à gauche de la direction générale du tir.

» La position couchée est prise en règle générale » de telle sorte que le tireur se présente obliquement » à la cible. » (*Der Anschlag (liegend aüfgelegt) wird im allgemeinen derartig ausgeführt das der Schütze in Shrager Front zur Scheibe sich flach auf die Erde legt.*)

« *Curve the body very sligtly to the left and the » legs, rather more so.* » — En laissant aux hommes la faculté d'écarter les jambes ou de les croiser l'une sur l'autre. (Instruction anglaise.)

« Faire un demi à droite, avant de s'étendre, prescrit le règlement russe. »

3e *groupe* : Règlements italien et suédois qui ne prescrivent absolument rien.

Appui que l'homme doit toujours chercher pour son arme. — Nous constaterons avec une certaine surprise que le Manuel ne dit rien de l'appui que l'homme doit toujours chercher pour son arme.

Au lieu de reléguer cette importante recommandation à la fin de l'article 383 de l'école du soldat, le Manuel eût pu la faire tenir dans l'article 6 du chapitre III, ce qui autorisait alors à supprimer le « jeter le corps à gauche de la direction générale du tir », recommandation, je l'ai dit, n'ayant d'autre raison que de rendre le recul moins sensible et qui cesse d'être valable lorsque l'homme tire sur appui.

Les règlements étrangers pèsent sur la nécessité de donner un appui à l'arme.

Le règlement allemand donne à ce sujet, pages 20 et 21, quelques utiles conseils.

Les instructions belge, hollandaise et italienne prescrivent réglementairement, à défaut de tout appui naturel, l'aide du sabre-baïonnette piqué en terre.

En Belgique, le soldat peut même se servir de son schako.

Le règlement hollandais parle d'un tuteur, d'une fourche, mais sans entrer dans d'autres explications.

En Russie, sur les champs de tir, le tir couché se pratique toujours les hommes étendus dans une tranchée dont le profil rappelle très exactement celui de notre abri pour tirailleurs couchés.

Tir réduit et fausses cartouches. — Nous avons quelques raisons pour faire tenir dans ce chapitre, consacré presque uniquement aux méthodes d'instruction, un dernier alinéa relatif au tir réduit et aux fausses cartouches.

Le *tir* réduit est dans l'armée française d'implantation toute récente (circulaire ministérielle du 27 janvier 1882); il est à l'étranger connu de plus ancienne date : aux États-Unis, en Italie (*instructione provisoria sub tiro per la infanteria* 81), en Allemagne; rien cependant de bien particulier à faire ressortir.

Les *fausses cartouches* ou cartouches d'exercice sont d'un usage presque général; qu'elles se dénomment *exercir patrone* (Allemagne) ou *unterrichts patrone,* la chose importe peu, l'utilité en est partout reconnue, et je n'insisterais pas si je n'avais à appeler l'attention sur le *modèle de cartouche* adopté dans l'armée russe.

La figure ci-jointe fait ressortir tous les avantages de cette cartouche.

CHAPITRE V

Le Tir dans les chambres.

Le tir dans les chambres se pratique dans toutes les armées, sauf peut-être dans les armées suédoise, suisse et anglaise. (Rien dans les instructions.)

Dans l'armée française, les cartouches en papier confectionnées le plus souvent par les sapeurs laissent toujours beaucoup à désirer et compliquent bien inutilement la pratique de ce tir. Il serait à souhaiter de voir adopter dans nos corps les petits étuis métalliques en usage à l'étranger. Quelques étuis suffisent pour une compagnie ; ils sont amorcés et chargés au moment même de leur emploi ; je m'en suis toujours laissé dire beaucoup de bien.

Nous n'exécutons, en France, le tir dans les chambres que sur des cibles fixes. En Autriche, le tir au tube est pratiqué surtout sur des cibles mobiles : déplacement dans le sens horizontal et dans l'axe vertical.

Pour le déplacement dans le sens horizontal, simple cadre en bois portant une coulisse dans laquelle se meut, au moyen d'une ficelle, un petit soldat.

Pour les déplacements dans l'axe vertical, on se contente d'appendre la cible à une ficelle passant

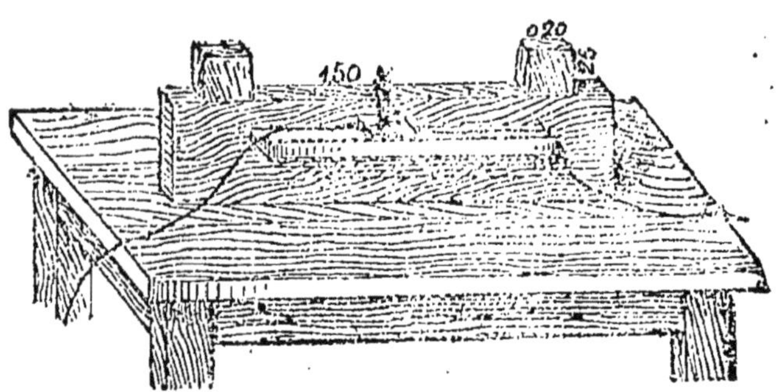

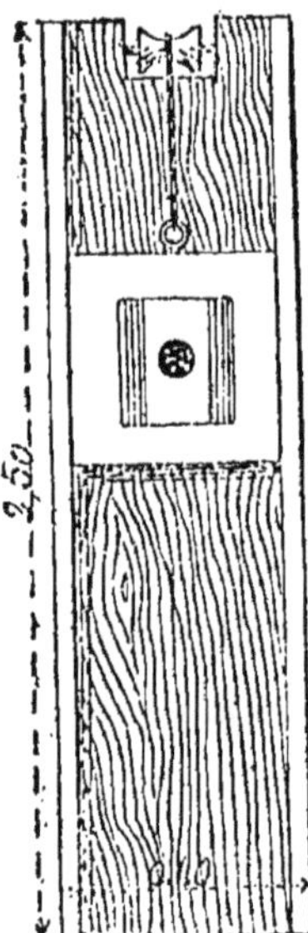

sur une poulie et de faire glisser la cible dans un cadre.

Aux Etats-Unis, le tir dans les chambres est fort en honneur.

a) Le système (tube) employé permet de jeter le projectile à une distance de 200 pieds.

b) Tir sur flamme (flamme de gaz), dit « *candle pratice* » ; la colonne d'air qui doit souffler la flamme est chassée par une grosse capsule « *firing pin* ».

c) Enfin, on se sert encore d'un troisième procédé tout à fait particulier, le « *Wingate indicator* ».

On introduit dans le canon de l'arme une tige métallique *(a)* portée à son extrémité postérieure

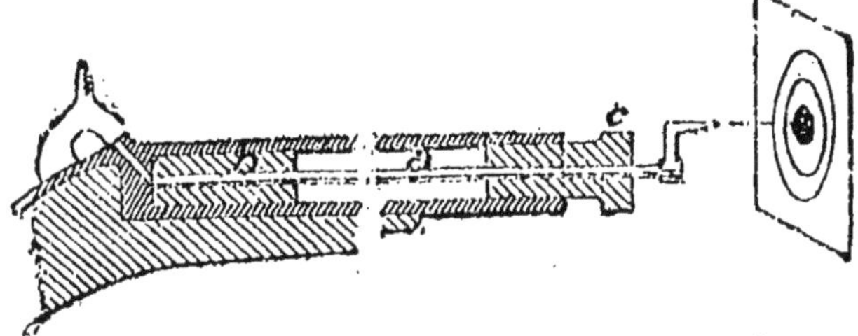

dans un cylindre *(b)* et passant à frottement doux au travers d'un bouchon en bois *(c)*· l'extrémité de la tige est appointée.

La déflagration du *firing pin* déplaçant une colonne d'air chasse la tige jusqu'à ce que le cylindre *b* vienne se heurter contre le manchon *c* ; la pointe de la broche marque sur la cible le point visé.

Notation des résultats. — La notation des résultats du tir dans les chambres ne se retrouve plus que dans le règlement hollandais.

Il y a obligation pour les hommes de satisfaire à certaines conditions avant d'être admis à tirer sur les cibles. Ils doivent, dans un tir de 10 balles, en grouper six dans un cercle de 0,05 de diamètre.

CHAPITRE VI

Le Tir à la cible.

Les exercices du tir à la cible devraient durer toute l'année. — La lecture du chapitre IV du Manuel m'inspire une observation que je ne puis négliger de signaler ; j'y lis :

« Les exercices du tir à la cible occasionnent des dépenses tellement considérables qu'elles sont forcément limitées. »

Nous ne nous conformons fâcheusement que trop à ces exigences économiques, quoique le Manuel dise avec beaucoup de raison « que l'adresse dans le tir ne s'acquiert et ne se maintient que par une pratique constante ».

Dans les armées étrangères, en Allemagne et en Autriche, le tir à la cible court toute l'année et ne cesse réellement que pendant la période des grandes manœuvres.

L'instruction belge prescrit pendant l'hiver au moins un tir par mois.

L'instruction hollandaise veut que l'on exécute pendant l'hiver :

Par semaine { un tir individuel,
un feu de salve ;

Par mois { un tir individuel,
un feu de salve,

A distances inconnues.

Le soldat d'infanterie ayant subi toutes les phases de l'instruction, telles qu'elles sont définies dans le Manuel de l'instructeur de tir, est amené devant les cibles pour y donner témoignage de son adresse et acquérir, en suivant une progression bien réglée, l'habileté pratique qui lui fait encore défaut.

De récentes modifications apportées au tableau nº 1, page 157 de notre Manuel, ont réglementé pour notre infanterie quatre séries d'exercices:

1º Tir individuels d'instruction (exercices préparatoires, série des tirs individuels); 2º tirs individuels d'application (pour les trois classes à tirs spéciaux); 3º tirs collectifs d'instruction; 4º tirs collectifs d'application (exercice de combat de compagnie).

Les tableaux qui suivent permettent d'établir un rapprochement entre nos procédés et ceux adoptés à l'étranger. Le lecteur peut avoir un certain intérêt à consulter les tableaux soigneusement extraits des divers règlements que nous avons sous les yeux, ainsi que de l'excellent travail déjà cité : *Die Infanterie Schiessinstructionen-Europas.*

FRANCE

Répartition des munitions.

(*Voir le tableau n° 1 rectifié à la page 157.*)

ALLEMAGNE

Dans l'armée allemande, la pratique du tir à la cible comprend trois genres bien distincts d'exercices :

1° Le *Schul Schiessen* (traduction : tir d'école);

2° Le *Gefechts massiges Schiessen* (traduction : tir conforme aux conditions du combat).

Se subdivisant même en :

(*a*) *Einzel-Schiessen* (tir individuel) ;

(*b*) *Abtheilungs-Schiessen* (tir de groupe);

3° *Belehrungs-Schiessen* (tir d'instruction).

1° Le *Schul-Schiessen*. — Ce premier genre d'exercices doit donner et conserver au tireur (officier, sous-officier et soldat) une certaine adresse dans l'emploi de leur arme et le maniement des hausses.

Ces tirs, pour fournir des résultats positifs, ne peuvent être exécutés qu'aux petites distances.

L'allocation en cartouches est employée d'une manière différente, suivant la classe à laquelle appartient le tireur ; nous n'avons pas, quant à présent, à nous inquiéter de ces classes.

3e CLASSE

TIRS PRÉPARATOIRES

1	100	appui debout.	cible à bande.	5 balles dont 2 dans la bande.
2	100	Id.	Id.	5 balles dont 3 dans la bande.
3	100	Id.	cible d'infanterie.	5 b. dans le rectangle avec 4 dans le cercle.
4	100	debout, bras francs.	Id.	5 b. dans le rectangle avec 2 dans le cercle.

TIRS PRINCIPAUX

5	150	appui debout.	Id.	5 b., 4 dans le rectangle blanc, 3 dans le petit rectangle, 2 dans le cercle.
6	150	debout, bras francs.	Id.	5 b., 3 dans le rectangle blanc, 2 dans le petit rectangle., 1 dans le cercle.
7	150	à genou.	cible figure.	3 b. dans la figure dont 2 dans le rectangle.
8	150	couché appui.	cible tronc.	3 balles dans la figure.
9	200	debout appui.	cible d'infanterie.	5 b., 3 dans le rectangle blanc, 2 dans le petit rectangle.
10	200	debout, bras francs.	Id.	5 b., 2 dans le rectangle blanc, 1 dans le petit rectangle.
11	200	couché sans appui.	cible figure.	2 dans la figure.
12	200	couché avec appui.	Id.	3 dans la figure dont 2 dans le rectangle.
13	400	à genou.	cib. de section.	3 balles.
14	150	Debout à bras francs, 5 b. à command.	cible d'infanterie.	4 balles.

2e CLASSE

TIRS PRÉPARATOIRES

1	100	debout appui.	cible à bande.	5 b. dont 3 dans la bande.
2	150	debout appui.	cible d'infanterie.	5 balles dont 4 dans le rectangle avec 3 dans le cercle.

3	100	debout à bras francs.	cible d'infanterie.	5 b. dont 3 dans le rectangle avec 1 dans le cercle.

TIRS PRINCIPAUX

4	150	couché à bras francs.	cible de buste.	2 b. dans la figure.
5	150	debout à bras francs.	cibles d'infant. (peloton)	5 b. dont 2 dans le rectangle blanc.
6	200	debout avec appui.	cible d'infanterie.	5 b., 4 dans le rectangle blanc, 3 dans le petit rectangle, 2 dans le cercle.
7	200	couché sans appui.	Id.	5 b., 3 dans le rectan le blanc, 1 dans le petit rectangle.
8	200	à genou.	cible genou.	2 b., figure.
9	250	couché sans appui.	cible d'infanterie.	5 b. dans le rectangle blanc.
10	250	couché avec appui.	cible figure.	3 b. figure.
11	500	à genou.	2 cibles de sect. accolées.	3 balles.
12	200	à genou. 8 balles à command.	cibles d'infanterie.	4 balles.

1re CLASSE

TIRS PRÉPARATOIRES

1	100	debout appui.	cible à bande.	5 b. mises, dont 3 successivement ou 4 dans la bande.
2	150	Id.	cible d'infanterie.	5 b. m., 5 dans le rectangle blanc, 4 dans le petit rectangle, 3 dans le cercle.
3	150	debout à bras francs.	Id.	5 b. m., 4 dans le rectangle blanc, 3 dans le petit rectangle, 1 dans le cercle.

TIRS PRINCIPAUX

4	150	couché appui.	cible de tête.	3 figures
5	150	debout à bras francs.	cible figure (peloton).	2 figures

6	150	couché appui.	cible poitrine à éclipse.	2 figures.
7	200	couché sans appui.	cible d'infanterie.	5 b., 3 dans le rectangle blanc, 2 dans le petit rectangle.
8	200	couché appui.	cible buste.	3 figures.
9	250	à genou.	cible genou.	2 figures.
10	250	couché sans appui.	cible figure.	2 figures.
11	600	à genou.	2 cibles de section accolées.	3 figures.
12	300	à genou, 5 b. à commandement.	cible de section.	4 balles mises.

2° *GefechtmassigesSchiessen*. *A*) tir individuel.— Les tireurs ayant acquis par la progression des exercices précédents un commencement d'adresse, on leur apprend à se servir de leurs armes dans les conditions semblables à celles qui s'offrent sur le champ de bataille.

Mise à profit des accidents du terrain pour procurer un abri ou un appui pour l'arme ; appréciation des distances ; détermination des hausses à employer ; tir sur buts mobiles, etc., etc.

Le règlement exige que cette instruction se donne sans hâte, homme par homme, afin de bien faire constater aux tireurs les erreurs qu'ils commettent et en prévenir le retour.

Les officiers subalternes, les sous-officiers et les tireurs des trois classes participent à cet enseignement.

Dix cartouches sont allouées à chaque tireur.

B) tirs d'ensemble. — 20 cartouches par homme ; rien de particulier à conclure des prescription relatives à ces feux, si ce n'est qu'ils s'exécutent sur des cibles placées à distance inconnue.

3° *Belehrunsg Schiessen*. — Je définirais volontiers ce genre d'exercices : *Tir de démonstration pratique*. On y poursuit, en effet, les résultats ci-après :

1° *Démonstration de la dispersion d'une série de coups*. Un bon tireur brûle sur appui des séries de 25 cartouches aux distances de 200,300, 400^m, et une seule de 45 cartouches à la distance de 600^m.

2° *Détermination de diverses trajectoires moyennes*, en faisant tirer des séries de cinq coups avec trois hausses différentes :

50. 100. 150. 200. 250. 270.
50. 100. 150. 200. 250. 300. 350.
100. 150. 200. 250. 300. 350. 400.

3° Déplacement latéral et déplacement en hauteur, lorsque le tir se fait avec la baïonnette au bout du canon.

4° Détermination de l'effet utile à une distance donnée et sur un but de dimensions déterminées.

5° Détermination des gerbes aux différentes distances.

Il n'est pas tenu compte, dans la répartition des munitions, de cartouches pour les *Belehrungs Schiessen* ; on y emploie les cartouches d'économie, ou tout au moins une partie de ces cartouches qui servent également aux tirs spéciaux des 1re et 3e classes de tireurs.

Cibles en usage dans l'armée allemande.

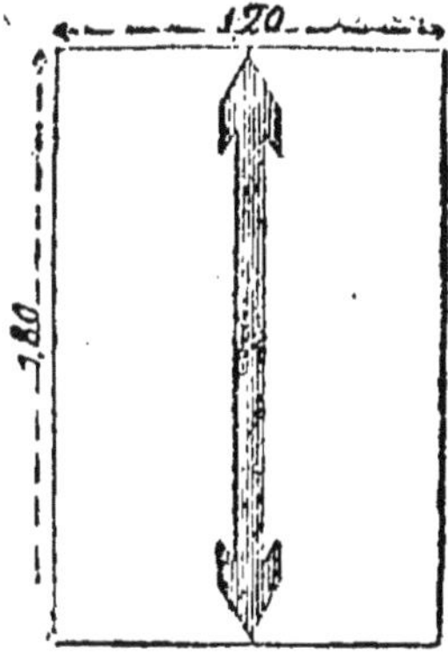

Strich scheibe.

(Cible à bandes.)

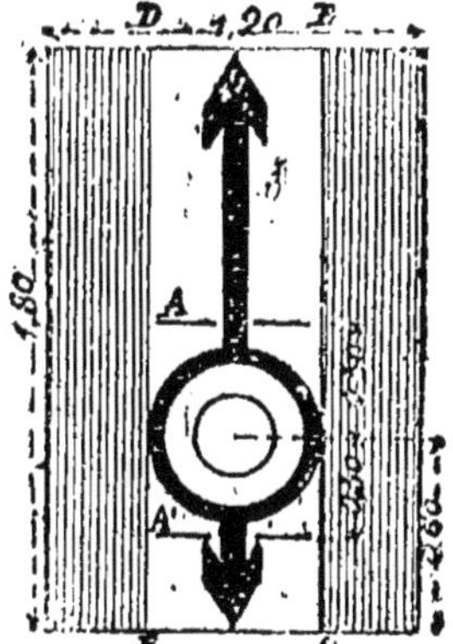

Infanterie scheibe.

(Cible d'infanterie.)

B C D E, Manns breite (rectangle blanc.)
A. A', Rechteck (petit rectangle.)
Le cercle intérieur (Spiegel).
1° Cercle rayon de 0,10
2° — de 0,15
3° — de 0,20.

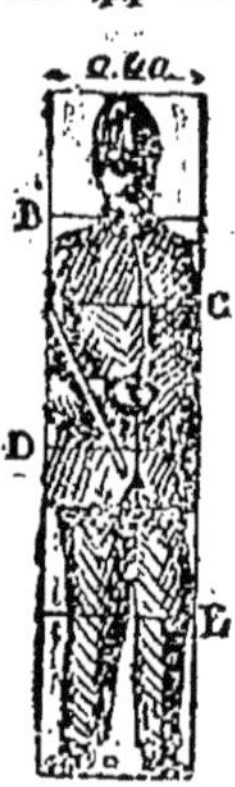

Figur scheibe.
(Cible figure.)

A B, 0,45. Kopf scheibe (cible tête).
A C, 0,60. Brust scheibe (cible poitrine)
A D. 0,90. Rumpf scheibe (cible buste).
A E, 1,20. Kniee scheibe (cible genou).

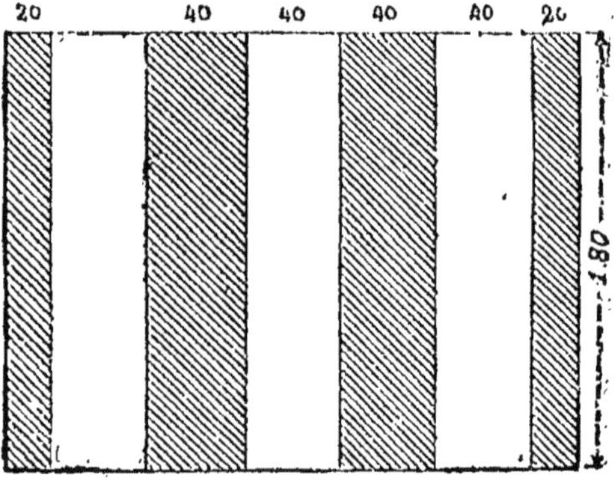

Sektions scheibe.
(Cible de section.)

AUTRICHE-HONGRIE

Le règlement de 80 insiste d'abord (195) sur la convenance de poursuivre toute l'année, durant, les exercices du tir à la cible, — sauf par des froids excessifs, — 5° R. et par des chaleurs accablantes.

Les soldats de recrue ne doivent être conduits devant les cibles que par un temps favorable au tir ; les anciens soldats, par contre, même dans de fâcheuses conditions atmosphériques (pluie, grand vent, etc., etc).

Nous avons à caractériser deux genres d'exercices.

1° *Ubungs Schiessen* (Tirs d'instruction individuels.	9 aux petites 6 aux grandes	distances.
2° *Feldmassiges Schiessen* (Tirs collectifs d'instruction et d'app.)	*a) Vorubungen* (exercices prépar. *b) Hauptübung* (exercice principal	

Comme l'indique le tableau ci-après donné, la série des tirs diffère un peu suivant que les hommes appartiennent à la 1re, à la 2e classe de tireurs ou aux *schützen* (tireurs d'élite).

I Ubüngs-Schiessen.

a) AUX PETITES DISTANCES

	N°	Distance	Position	Cible	1re classe min.	1re classe max.	2e classe min.	2e classe max.	
Tirs prépara-toires.	1	200 pas	debout	schul-scheibe.	5	10	»	»	Pour passer d'un exercice à un autre, 3 b. mises sur 5.
	2	300			5	10	5	6	
	3	400			5	10	5	5	
	4	500			5	10	»	»	
	5	200	couché à genou assis	cible fig. entière.	5	10	»	»	
	6			1/2 cible figure.	5	10	5	5	
	7	300		cible figure entière à éclipse.	5	10	5	5	
Tirs princi-paux	8	500	à gen.	schul-scheibe.	5	10	5	10	
	9	600	debout	cibles de section.	5	10	5	10	
	10	200	couché à genou assis	cible figure entière mobile.	5	10	5	10	
	11	300		1/2 cible figure.	5	10	5	10	
	12	400		cible fig. entière	5	10	5	10	
Tirs spéciaux aux Tirs Schützen.		3-500	à la disposition du commandant de la compagnie	cible fig. ent. (mobile à éclip.)					
		2-300		1/2 cible fig. (mobile à éclip.)					
		200		1/3 cible fig. (mobile à éclip.)					
		3-400		cible fig. ent. (mobile à éclip.)					
		200		1/2 cible fig. (mobile à éclip.)					
		4-600		cib. de cavalier (mobile à éclip.)					
		200		cible de tête.					
		200	à gauc.	schul-scheibe.					

Tirs nos 1-4 pour la 1re classe toujours à bras francs. On peut autoriser aux jeunes soldats quelques balles tirées sur appui ; mais ces balles ne sont pas comptées pour passer d'une classe à une autre. La nature de ces appuis est définie § 140 : ceux que l'on peut se procurer sur le champ de bataille. La 1re classe doit avoir terminé ses tirs n° 1-4 au 1er mai.

b) AUX GRANDES DISTANCE

Les soldats y sont admis dès leur première année de service, après avoir été exercés à se servir des différentes lignes de mire (tir dans la chambre) et avoir satisfait aux conditions des quatre premiers tirs préparatoires.

Le but est marqué par des panneaux figurant une compagnie en colonne.

3 salves aux distances de 700 à 1,400 pas (9 cartouches avec les cartouches M. 1877.

3 salves aux distances de 700, 1,000 1,500, 2,000 pas (12 cartouches).

Les indications nécessaires pour régler le tir sont données à l'aide d'un drapeau.

Observation. — L'instruction donne sous le titre : *Normal Programme II*, l'emploi des cartouches accordées aux jeunes soldats accomplissant le service de 8 semaines.

8 tirs : 200, 300, 400, 500, 600 pas, 40 cartouches.

Les réservistes brûlent six cartouches en deux tirs à 300 pas.

2° *Feldmaessiges-Schiessen.*

Ces tirs s'exécutent après toute la série des tirs d'instruction (*übungsschiessen*) sur un terrain approprié à cet effet.

Ils sont toujours soumis à une idée tactique (offensive).

On distingue :

A) Les exercices préparatoires.

B) Les exercices principaux.

C) Les exercices des hommes de la réserve et des recrues convoqués pour une période d'instruction de 8 semaines.

A) *Exercices préparatoires* (*Vorübungen*). — Les exercices préparatoires doivent plutôt servir à compléter l'instruction des tireurs et des gradés, qu'à donner une idée exacte du tir dans les véritables conditions du combat.

Ces exercices ont lieu par compagnie, sous la *direction* du commandant de la compagnie et sous le *commandement* d'un jeune officier ou d'un sous-officier.

Avant l'exercice, théorie explicative.

But. — Une ligne de tirailleurs avec deux soutiens. — Parfois aussi des cibles à éclipse.

Dans les exercices préparatoires, distinguer : *a*) *les feux de groupes;* *b*) *les feux de tirailleurs.*

a) *Les feux de groupe* (*Abtheilungs-feuer*), 9 cartouches, dont trois pour le feu rapide.

b) *Les feux de tirailleurs* (*Plaenker-feuer*), 12 cartouches.

B) *Les exercices principaux* (*Hauptübungen*) doivent initier la compagnie à toutes les pratiques du tir tel qu'il peut s'exécuter sur le champ de bataille. (Exercices de combat de compagnie.)

Toutes les dispositions sont prises pour donner au but la physionomie d'un véritable et réel objectif de combat.

Ainsi, entre 600 et 300 pas, les cibles de sections sont à apparition intermittente; à 300 pas, elles disparaissent; restent seulement les petites cibles marquant la chaîne.

Le tir est réglé par les salves, la première distance peut toutefois être contrôlée à l'aide du télémètre.

L'infanterie consomme dans ces exercices 33 cartouches; les chasseurs, 43.

Cibles en usage dans l'armée austro-hongroise.

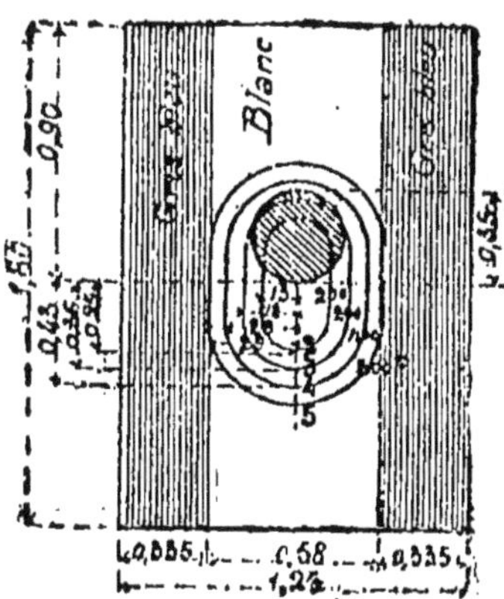

Schul scheibe.

—

Les élipses ont des dimensions qui correspondent à la gerbe de justesse pour la distance du tir à 200, 300, 400, 500 mèt.

Figuren scheibe.
Cible figure fixe et à éclipse.

Cible mobile.

Reiter figurenscheibe.

Les cibles de section (Abteilungs scheiben).

1° Pour les tirs d'instruction (Ubungs schiessen), 1 p. 8 sur 3,75.

2° Pour le feldmaessige schiessen :

1) Cibles fixes pour figurer les soutiens, dimensions se rapprochant de la réalité.

2) Cibles fixes pour tirailleurs, $0^{m},9$.

3) Cibles à éclipse pour figurer les soutiens, 1,80 sur 9^{m}.

Après chaque séance, critique.

ITALIE

L'instruction provisoire sur le tir de l'infanterie (81) définit sous le nom de *scuola annuale di tiro* six groupes de tir :

1° Tir préparatoire (*Tiro preparatorio*);
2° Tir normal (*Tiro ordinario*);
3° Tir spécial (*Tiro speciale*);
4° Tir de combat (*Tiro di combattimento*);
5° Tir d'instruction (*Tiro d'instruzione*);
6° Tir de concours (*Tiro d'examc*).

1° Le tir préparatoire comprend trois exercices (*lezi ni*)

Nos	DIVISION	HAUSSE	POSITION	CIBLE	Annuellement pour tous les tireurs de la 3e classe et les recrues. Les tireurs des 1re et 2e classes n'exécutent que les 2e et 3e exercices.
1	100	200	debout sur appui.	n° 1	
2	100	200	Id.	n° 1	
3	150	300	Id.	n° 2 (a)	

2° Le tir normal comprend 14 exercices ;

Nᵒˢ	DIVISION	HAUSSE	POSITION	CIBLE	Nombre de points à obtenir.
1	150	200	debout sur chevalet.	1	13
2	150	300	à genou.	3	13
3	150	200	couché sur chevalet.	5	12
4	150	300	debout.	2 (a)	12
5	200	300	assis.	2 (a)	11
6	200	300	à genou.	3	11
7	200	300	debout, l'arme appuyée.	3	10
8	200	300	couché.	4	10
9	250	300	debout.	2 (b)	9
10	250	300	couché, arme appuyée.	2 (b)	9
11	350	400	debout.	6	12
12	450	500	à genou, l'arme appuyée.	6	12
13	575	600	au choix du tireur.	6	9
14	150	300	debout (tir continu en 40" avec la baïonnette au bout du canon).	2 (a)	11

3° *Tirs spéciaux.* — Tous les tireurs participent à cette instruction (4 séances).

n° 1	150 D.	100 H.	debout bras francs	cible n° 1	9 p.	but mobile.
2	150 D.	200	couché	cible n° 5	10	but à éclipse.
3	200	300	genou	n° 2 (a)	9	but mobile.
4	200	300	debout bras francs	n° 4.	10	but à éclipse.

4° *Tir de combat (tiro di combattimento).*

Ce tir s'enseigne en 8 séances :

1° Tir individuel (150 à 400m) chaque soldat appréciant lui-même la distance, les corrections à faire subir au pointage, etc.

2° Tir individuel (escouade en tirailleurs) (150 à 400m).

3° Feux d'escouade (300-500) à volonté, — en diverses reprises, — 3 cartouches par reprise.

4° Salve de section (400-700).

5° Feu de section à volonté (400-700).

6° Feu de peloton (700 à 1.200m) ; but, une colonne de compagnie.

7° Feu de peloton (1.000 à 1.600m), batterie d'artillerie.

8° Feu de compagnie (800 à 1.400m).

L'article 9 de l'instruction établissant la série de ces exercices fixe la distance de tir et la nature du but. Nous avons déjà vu que, pour la 6e séance, le but était une compagnie en colonne ; les dimensions du but augmentant avec le groupement des tireurs. Première séance, un groupe de 4 hommes ; troisième séance, une chaîne de 24 tirailleurs avec soutiens, à genou et partiellement abritée à 100 ou 150m en arrière.

L'article 9 donne encore : « Les principes généraux du tir de combat » et les règles spéciales pour l'exécution de chaque exercice.

Nous évitons d'entrer dans ces détails.

5° *Tir d'instruction (tiro d'instruzione).*

Le « tiro d'instruzione » n'est autre que le *Belehrungs-Schiessen* de l'armée allemande ; je l'ai déjà défini : un tir de démonstration pratique.

L'article § 10 de l'instruction du 23 février 1881, distingue :

A) *Démonstration* pratique des propriétés balistiques de l'arme.

B) *Détermination* des gerbes, recherche de leur effet utile.

A) Démonstration pratique des propriétés balistiques de l'arme.

3 exercices.

1°) Hausse de 200m sur des cibles aux distances de 50, 100 et 150m (30 balles).

2°) Hausse de 300, 50, 100, 150, 200, 250m (50 balles).

3°) Hausse de 400, 100, 150, 200, 250, 300, 350m (60 balles).

B) Détermination des gerbes, recherche de leur effet utile.

1°) Pour une distance inférieure à 800m.
2°) Pour une distance supérieure à 1.000m.

Ces exercices ont lieu par bataillon, sous la direction du chef de bataillon ; tous les officiers et tous les gradés y assistent.

La distance de tir est toujours très exactement repérée; les conditions atmosphériques doivent être propices.

Il est alloué au corps, pour les tirs d'instruction, cinq cartouches par arme.

6° *Tir d'examen* (*tiro d'esame*).

Nous reviendrons sur ce tir en traitant le chapitre : classement des tireurs et tir de concours.

Qu'il nous suffise de savoir, quant à présent, que le tir d'examen n'est autre qu'un tir de concours.

Au tableau que nous donnons des cibles en usage dans l'armée italienne, nous avons joint l'indication de la valeur des coups qui frappent les cibles, valeur qui varie avec la nature de celles-ci.

Cibles en usage dans l'armée italienne.

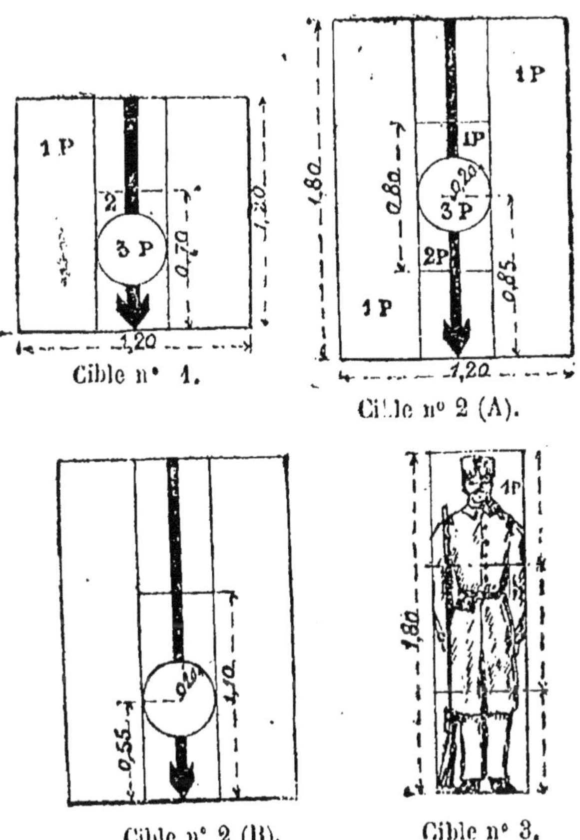

Cible n° 1.

Cible n° 2 (A).

Cible n° 2 (B).

Cible n° 3.

Cible n° 4.

Cible n° 5.

		Blanc		
1P	2 P	3 P	2P	1P
0.50				0.50

Cible n° 6.

RUSSIE

Les procédés dont nous trouvons l'application en Russie ont beaucoup de points communs avec les méthodes usitées en Allemagne.

Examinons :

1° Le tir individuel d'instruction { A) Tirs préparatoires ; B) Série des tirs individuels.

2° Le tir spécial ;

3° Les tirs collectifs d'application.

1° *Tir individuel d'instruction.*

A). TIRS PRÉPARATOIRES

1	100 pas	debout, appui.	cible n° 1	cartouches 4 au moins.	Les 4 balles dans le n° 3, 1 dans le cercle n° 1.
2	100	debout, bras francs	Id.	Id.	Les 4 b. dans le n° 3, 2 dans la bande noire ou le cercle.
3	200	à genou.	Id.	Id.	Les 4 b. dans la zone blanche, 2 dans le n° 3.
4	200	debout bras francs	Id.	Id.	Les 4 b. dans la cible, 3 dans la zone blanche.
5	200	couché.	Id.	Id.	Les 4 b. dans les numéros 2 et 3.
6	300	à genou.	Id.	Id.	Les 4 b. dans la zone blanche, ou 3 dans la zone blanche, dont 2 dans le n° 2.
7	300	debout bras francs	Id.	Id.	3 b. dans la zone blanche.
8	300	couché, appui.	Id.	Id	Les 4 b. dans la zone blanche ou 3 dans le n° 3.

B). SÉRIE DES TIRS INDIVIDUELS

1	200 pas	debout bras francs	cible n° 1.	4	figure entière.
2	300	Id.	Id.	4	figure entière.
3	300	couché appui.	Id.	4	cible-buste.
4	400	Id.	Id.	4	deux cibles-buste.
5	500	à genou.	Id.	4	trois figures entières.
6	300	2 b. à genou 2 b. debout, bras francs	Id.	4	Id.
7	600	couché, appui.	Id.	4	Id.
8	700	2 b. à genou 2 b. couché	cible n° 2.	4	six figures entières.
9	800	Id.	Id.	4	Id.
10	200	feu rapide, couché; durée, 5 sec.	cible n° 1.	4	cible-buste.
11	200	Id.	»	4	petite cible n'ayant que les dimensions exactes du buste.
12	200	couché.	»	4	
13	200	couché, appui.	Id.	4	cible-tête.
14	200	couché.	»	4	cibles n'ayant que les dimensions exactes de la tête.

Les tirs préparatoires, on a pu s'en rendre compte, assujettissent le tireur russe, tout comme le soldat allemand, à certaines conditions, lesquelles, si elles ne sont pas remplies, font demeurer dans la dernière classe les tireurs.

L'instructeur est autorisé à allouer à un soldat malhabile un nombre de cartouches plus considérable que celui indiqué par le tableau de la répartition des munitions, sans toutefois pouvoir lui faire tirer plus de 9 balles pour un exercice.

Si, malgré cette attention, le soldat maladroit

laisse passer deux ou trois séances sans remplir avec une série de 4 balles les conditions imposées, on interrompt pendant quelque temps son tir à la cible et on le remet aux exercices préparatoires.

Les conditions du tir préparatoire peuvent être satisfaites avec 32 balles ; il en est néanmoins donné 48 ; les soldats qui ne dépassent pas cette allocation de 48 cartouches sont admis provisoirement à la deuxième classe et commencent la série des tirs individuels. Les autres continuent la série des tirs préparatoires et ne sont admis que successivement aux exercices suivants.

Au résumé, tous les soldats sont appelés à exécuter la série des tirs principaux, même ceux qui, après une consommation de 64 cartouches (le maximum) devraient demeurer dans les tirs préparatoires ; les soldats de cette dernière catégorie ne pourront jamais prétendre à une distinction quelconque (de tir).

2° *Tir spécial.* — Tous les officiers, sous-officiers et soldats suivent cette instruction.

Pour les officiers, par bataillon ; pour les sous-officiers et soldats, par compagnie.

1er *exercice*,	3 cartouches,	200 à 400 pas
2e —	3 —	400 à 600 —
3e —	3 —	600 à 800 —

Seulement pour officiers, sous-officiers et tireurs de la 1re classe.

Les cibles sont disposées de la manière suivante :

A 300 pas des tireurs, 4 cibles de tête ; entre 300 et 600 pas, quatre groupes de cibles de buste, deux par deux ; entre 600 et 800 pas, 4 cibles n° 2, avec figure entière. Entre les cibles de tête et de buste, intervalle d'au moins six pas ; de dix pas entre les cibles n° 2.

L'instructeur seul a la notion exacte des distances et des intervalles.

Le tireur, cherchant profit du terrain où il est placé, apprécie la distance, prend sa hausse et brûle toutes ses cartouches dans un laps de temps de deux minutes (signaux donnés au sifflet). Le tir terminé, l'instructeur lui signale les fautes commises.

On accorde généralement aux hommes une septième cartouche.

Un nombre de cartouches aussi restreint ne donne pas à ce tir un intérêt suffisant et n'est pas en rapport avec son importance.

3° *Tir collectif d'application.* — Très grandes analogies avec les pratiques de l'armée allemande, ce qui nous dispense de beaucoup insister.

Deux séances de compagnie et deux séances de bataillon ; chaque séance comprend deux ou trois exercices.

La compagnie étant portée sur le terrain, 4 minutes sont accordées à son chef pour lui permettre de s'orienter.

Le plus souvent le thème tactique permet d'exécuter, sans discontinuité, deux exercices ; quelquefois aussi l'officier supérieur directeur suprême fait subitement déplacer l'objectif de tir.

La durée de l'exercice dépend essentiellement de la nature du but. Si on suppose avoir devant soi de la cavalerie, la compagnie, après avoir fait halte, doit fournir trois salves en une minute, en dirigeant d'abord son tir sur la cible la plus éloignée.

Le règlement russe donne à propos de ces tirs de combat quelques préceptes que nous ne pouvons nous dispenser de signaler.

1° En tirant sur un *but* de dimensions en bon rapport avec la distance, on doit pouvoir espérer :

Entre 600 et 900 pas, 50 0/0 ;

Entre 1,000 et 1,200 pas, 25 0/0.

2° Pour mettre une compagnie ennemie hors de combat, il est nécessaire de consommer le nombre de cartouches porté dans le tableau ci-après, nombre variant avec la distance et la formation prise par la compagnie objectif de tir.

	Ligne en colonne.	Ligne couchée ou chaîne debout.	Chaîne couchée.
800-1200 pas	100 balles	200 balles	300 balles
1200-1300	200	300	400
1300-1400	300	400	500

3° Le tir individuel n'est permis qu'aux distances rapprochées et alors seulement que la direction du feu échappe aux gradés.

4° La hausse fixe de 300 pas. Contre l'infanterie jusqu'à 400 pas ; contre la cavalerie jusqu'à 500 pas.

5° En règle générale, on se contente de l'emploi d'une seule hausse sur un but fixe et lorsqu'on a le temps et la possibilité de régler son tir ; dans tous les autres cas, notamment sur des buts mobiles, il est recommandé de recourir à plusieurs hausses distantes de 100^m, à savoir : deux hausses entre 600 et 1,000 pas, quatre hausses aux distances supérieures à 1,000 pas. La section, considérée isolément, n'emploie jamais plus de deux hausses.

Cibles en usage dans l'armée russe.

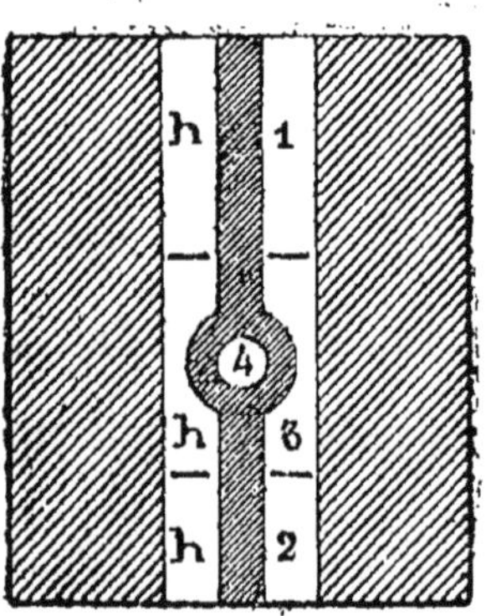

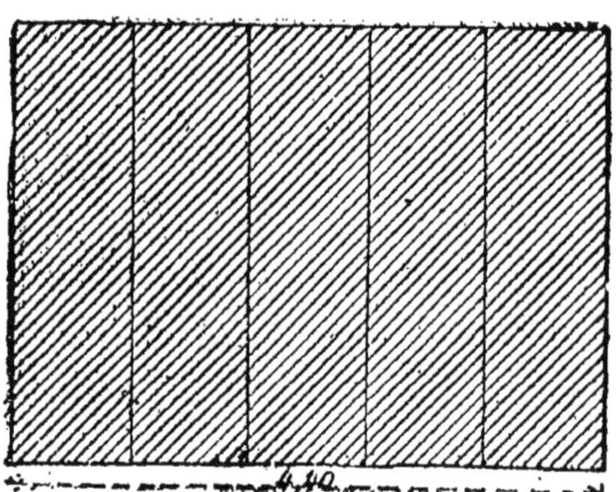

On colle sur ces cibles des images qui donnent l'aspect d'une cible figure entière, cible de tête, cible de poitrine.

ANGLETERRE (1)

Tir individuel. — Nous savons déjà que, dans l'infanterie anglaise, l'instruction du soldat de recrue se fait par bataillon en dehors de la compagnie.

Le soldat anglais consomme annuellement 60 cartouches en six séances. — Ces séances ne sont pas les mêmes pour les recrues et les anciens soldats.

L'homme de recrue qui n'a pas su obtenir 70 points est considéré comme tireur de 3e classe. Il ne suit pas la même série de tirs que les autres soldats ; tous les tireurs de la 3e classe sont placés sous la surveillance spéciale des *musketry-instructor*.

Les tireurs de la 1re et de la 2e classe qui n'ont su obtenir un minimum de 70 points sont remis aux tirs *préparatoires* et reçoivent une allocation supplémentaire de 20 cartouches pour tirs spéciaux.

Recrues.

Nos 1	100 yards,	cible	Nos 3	debout
2	200	»	—	3	do
3	300	»	—	2	à genoux
4	400	»	—	2	do
5	500	»	—	1	couché

Soldats passés à l'école de compagnie.

Nos 6	600 yards,	cible	Nos 1	do
1	200	»	—	3	debout
2	300	»	—	3	à genou
3	500	»	—	2	Au choix du tireur
4	600	»	—	2	
5	700	»	—	1	
6	800	»	—	1	

(1) Voir la note placée à la fin de la brochure.

Le *tir de combat*. — Le règlement anglais n'ignore pas le tir de combat, mais il ne le rend pas obligatoire. Les garnisons disposant d'un champ de tir parfaitement aménagé peuvent, avec l'autorisation du commandement supérieur, être autorisées à pratiquer quelques séances de ce tir et, alors, aux lieu et place du feu de tirailleur (20 cartouches). L'instruction se donne par compagnie.

Feu en avançant coupé par trois pauses :

1° A 600 yards;
2° Entre 600 et 400;
3° Entre 400 et 200.

Cette instruction doit surtout servir à habituer les officiers à tenir leurs hommes en main. L'instruction insiste sur ce point.

Notons une particularité toute spéciale à l'armée anglaise.

Le feu de salve ne se donne pas à commandement. Le soldat ayant l'arme à l'épaule compte jusqu'à trois dans la cadence du pas ordinaire et lâche son coup de feu.

Les soldats passés à l'école de compagnie ainsi que les recrues sont exercés au feu de salve et au feu de file : les premiers à 400 yards, les seconds à 300 yards; le premier rang à genou.

Les anciens soldats pratiquent le feu en tirailleurs jusqu'à 600 yards, les recrues jusqu'à 400 yards; 20 cartouches sont allouées pour ces feux.

Cibles en usage dans l'armée anglaise

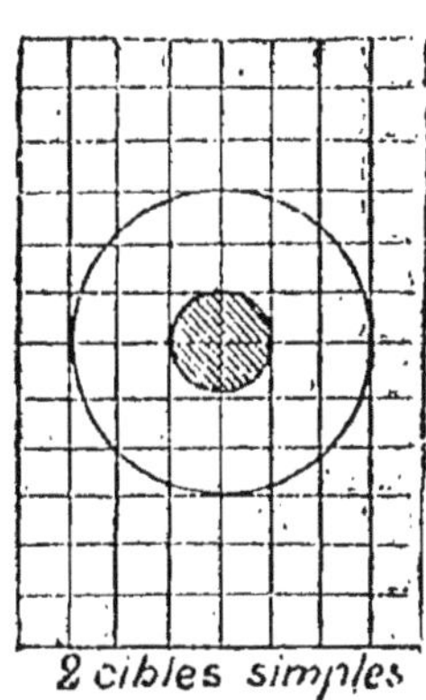

2 cibles simples

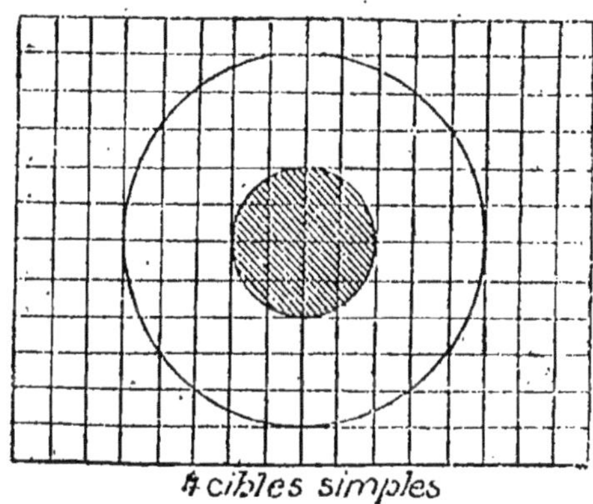

4 cibles simples

Le cercle noir est dit : *Bull's eye.*

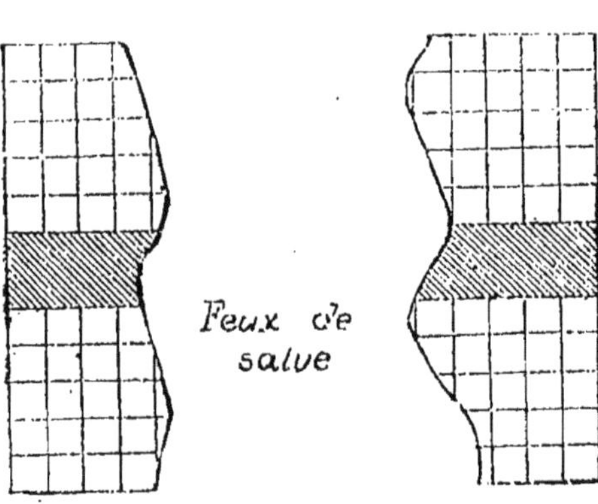

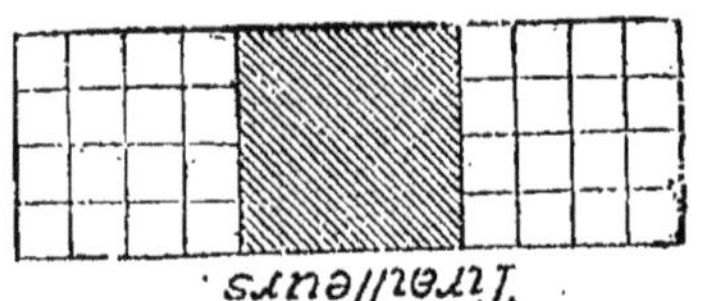

Valeur des points.

2 points, dans la cible.
3 — dans le cercle.
4 — dans le bull's eye.

SUISSE

(Das Scharfschiessen nach dem ziel

1° *Tir individuel.*
- a) Tirs préparatoires sans conditions.
- b) Série des tirs individuels.
- c) Tir rapide.

2° *Tirs spéciaux.*
- a) Recrues.
- b) Des meilleurs tireurs.

3° *Tirs collectifs.*
- A) Aux petites distances.
  - a) Feux de salve aux petites distances et aux distances moyennes
  - b) Feux de tirailleurs.
    - α) Instruction de l'escouade.
    - β) Instruction de la compagnie.
- B) Aux grandes distances.

1° TIRS INDIVIDUELS

a) Tirs préparatoires sans conditions. — Ce tir a pour but de familiariser les hommes avec leur arme, de leur enlever les appréhensions du recul.

Distance : 150m ; — debout sur appui, — cible n° 1, — 5 balles.

b) Série des tirs individuels.

IIIe CLASSE

Nos			
1	150m	cible n° 1	debout appui.
2	150	—	debout bras francs.
3	225	—	à genou appui.
4	300	—	couché appui.

IIe CLASSE

Nos 1	225m	cible nos 1	bras francs debout.	
2	300	— 2	bras francs à genou.	
3	450	— 3	do	do
4	225	— 3	do	couché.
5	490	— 4	do	do
6	200	— 5	do	à genou.

Ire CLASSE

Nos 1	225m	cible 5	bras francs debout.	
2	400	— 4	do	à genou.
3	250	— 5	do	do
4	200	— 6	do	couché.

Les hommes de la IIIe classe sont admis au tir dans une tenue qui ne saurait les gêner. — A partir du 1er tir de la IIe classe, tenue de campagne.

Le tir commence par le 1er exercice de la IIIe classe ; le soldat, disposant de 100 cartouches et, ayant à satisfaire à certaines conditions pour passer d'un exercice à un autre, s'arrête dans la série à courir à l'épuisement de ses cartouches.

Le tireur, pour sauter d'un exercice à un autre, doit, avec cinq balles, obtenir une somme de 9 points (12 points pour les soldats de recrue appelés à devenir *schützen*).

Les hommes ayant à se plaindre d'une courte vue sont dispensés des tirs aux grandes distances ; ils ne peuvent devenir tireurs d'élite.

Aucun homme ne doit tirer dans une même séance plus de 20 cartouches.

C) Tir rapide. — Doit donner aux recrues la notion de la rapidité de tir à laquelle on peut prétendre avec le modèle suisse. Tir sans conditions. — Mais il ne s'agit pas seulement de tirer vite, il faut aussi mettre le plus grand nombre possible de balles.

Cible n° 1. — Durée du feu, 30m. — Distance, 215m.

II° TIRS SPÉCIAUX

a) Pour les recrues. — Une seule séance doit préparer les recrues au tir aux grandes distances.

5 balles. — Cible n° II. — Distance, 600m. — A genou couché.

b) Pour les meilleurs tireurs. — 40 cartouches pour tir aux grandes distances ou sur buts mobiles.

Il faut entendre par meilleurs tireurs les tireurs non classés comme *schützen*, soit : les soldats de recrues devant plus tard être qualifiés *schützen*, et les meilleurs tireurs de la 1re classe (fusiliers).

III° TIR COLLECTIF

A) Aux petites distances.

a) Feu de salve aux petites distances et aux distances moyennes :

5 balles. — Feux d'escouade, — cible n° IV.
5 d° — Feux de section, — d°
5 d° — Feux de campagne, — d°

b) *Feu de tirailleurs.* — Autant que possible en terrain varié. — Deux exercices bien distincts.

A) Instruction de l'escouade.

B) Instruction de la compagnie.

A) *Instruction de l'escouade.* — 10 cartouches Cible n° V ou n° VI. (Le détail à l'article *B*.)

B) *Instruction de la compagnie.* — Cibles n^os^ V, VI et VII.

L'idée tactique doit être prise de telle sorte que chaque peloton passe tour à tour par toutes les phases de l'engagement ; utiliser pour le tir tous les accidents du terrain, adopter de préférence la position couchée ou à genou.

La direction du feu appartient aux chefs de pelotons.

Les chefs d'escouade règlent le tir de leurs hommes et surveillent la consommation des munitions.

Ainsi, le chef de peloton (section) commande :

« Feu individuel.

» Vers la droite, à 500 mètres sur un groupe au coin du bois. »

Les chefs d'escouade, ayant la vision distincte du but, désignent les hommes qui doivent faire feu. (Une seule cartouche par homme.)

« *Salve d'escouade.* — Vers la gauche, à 400 mètres sur le soutien. »

Le chef d'escouade commande la salve :

« Feu rapide : cinq cartouches. »

Les chefs d'escouade veillent à ce que les hommes tirent en visant, sans précipitation et en utilisant les hausses fixes.

B) *Tir collectif aux grandes distances.* — 40 cartouches par homme.

Pour tous les tireurs, à une distance qui ne

peut être inférieure à 800 mètres. Objectif : une compagnie en colonne.

Quelques balles sont consenties pour régler la hausse.

RÉPARTITION DES MUNITIONS

(*Récapitulation.*)

Tir préparatoire	5	balles.
Série des tirs individuels	100	—
Tir rapide	15	—
A la distance de 600 mètres	5	—
Feux de salve	15	—
Feux de tirailleurs	25	—
Grandes distances	10	—
Tir de concours	5	—
TOTAL	180	balles.

Les soldats de réserve, devant par la suite être qualifiés *schütz* reçoivent un surplus de 40 cartouches.

Cible en usage dans l'armée fédérale.

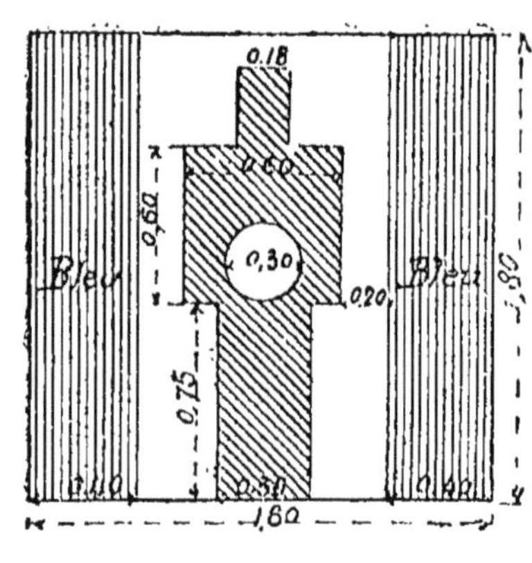

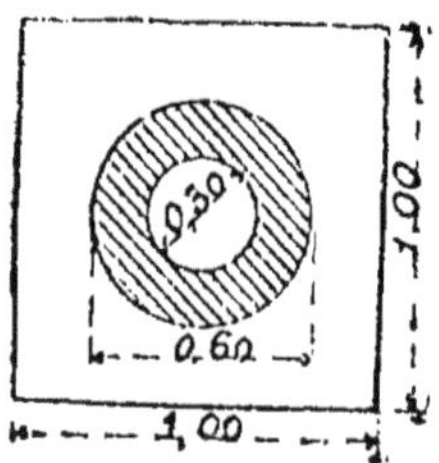

Cible n° 3.

Cible n° 1 pour tir individuel : 450 mètres.	Valeur des points :	
	Bande bleue	1
	Bande blanche (bande d'un mèt.)	2
	Figure (noire),	1
	Cercle (blanc),	3

Cible n° 2, 2 mètres 40 sur 3 mètres. — Trois images de soldats placées les unes à côté des autres, à 0^m 90 de la figure centrale.

Pour le tir individuel entre 500 et 1,000 mètres.

Cible n° 3. — Pour le tir préparatoire :

Cible. —	2 points.
Zone annulaire...	3 —
Petit cercle blanc.	4 —

Cible n° 4. — 1 mètre 80 sur 5 mètres 40, avec figures collées les unes à côté des autres, pour les feux de salve.

Cible n° 5. — 1^m 80 sur 0^m 54. — Image découpée d'un soldat.

Cible n° 6. — 0^m90 sur 0^m 54. — Moitié supérieure de la cible 5.

Cible n° 7.— 0^m 60 sur 6^m 54.— Tiers supérieur de la cible 5.

Pour les cibles nos 5, 6 et 7, la balle mise vaut 3 points.

HOLLANDE

Le nouveau règlement hollandais, datant de 1881 : « *Voorschrift betreffende de Wapenen en Schietoefeningen* », énumère dans son sixième chapitre (*afdeeling*).

1° Le tir individuel :

a) Série des tirs individuel ;
b) Tirs collectifs.

2° Le tir de combat :

a) Tir individuel aux distances inconnues ;
b) Tirs collectifs aux distances inconnues ;
c) Le tir de combat proprement dit.

1° *Tir individuel*. Nous savons déjà que, dans l'armée hollandaise, l'instruction du tir se poursuit toute l'année durant, des séances de tir étant commandées pour les mois d'hiver.

Cette continuité n'interdit pas au commandement de fixer une époque pour la reprise de l'instruction du régiment ; c'est ainsi que la période normale des séances de tir commence avec le 1er avril ; chaque soldat subit alors un cours *de répétition* en reprenant tous les exercices de la classe à laquelle il appartenait précédemment. (Clôture de la période, 20 mars.) Les tireurs d'élite doivent satisfaire, avec leurs 120 cartouches, à toutes les conditions de la première classe de tireurs ; sinon, ils s'exposent à perdre leur insigne, leur solde spéciale et à rétrograder pour subir les épreuves de la 2e classe.

a) Série des tirs individuels.

3e CLASSE

nos 1	100	debout	5 b.	5 b. dans la cible, 3 dans le buste.	cible de 8 largeur d'homme dite *Dreimanschijf.*
2	200	Id.	»	5 b. dans la cible, 2 dans le buste.	Id.
3	300	Id.	»	5 b. dans la cible.	Id.
4	400	à genou	»	3 b. dans la cible.	Id.
5	100	couché. bras francs	»	5 dans la cible, 3 dans la figure.	cible de tête carrée.
6	150	couché, appui.	»	4 dans la cible, 2 dans la figure.	Id.
7	100	feu rapide debout.	indéterm.	9 dans la cible.	*Dreimanschijf.* hausse de 350 m. ; durée 1 minute.

2e CLASSE

nos 1	200	couché, appui.	3 b.	4 b., 2 figures.	cible tête carrée
2	250	couché bras francs	»	5 balles.	Id.
3	500	couché, appui.	»	4 balles.	cible de 5 largeur d'homme (*Vijfmansschijf*).
4	100	debout.	»	5 b. dans figure.	*Dreimanschijf*, hausse 350 mètres.
5	150	genou.	»	5 b., 4 dans figure.	
6	200	couché bras francs	»	5 b., 3 dans figure.	
7	250	couché, appui.	»	5 b., 2 dans figure.	
8	300	deb., couc. bras francs	»	5 b., 1 dans figure.	
9	200	feu rapide debout.	»		

1re CLASSE

n° 1	100	debout.	10 b.	10 b. dans la cible, 9 dans buste.	cible figure.
2	150	Id.	Id.	8 b. dans la cible, 5 dans buste.	Id.
3	250	Id.	Id.	5 b. dans la cible, 2 dans buste.	Id.

TIREURS D'ÉLITE (*scherpschütter*).

»	50, 100, 150	Couché ou à genou.	cible tête ronde.
»	200, 250, 300		cible tête carrée.
	50, 100, 150		cible tête ronde à éclipse.
»	200, 250		cible tête carrée à éclipse.
	100, 150, 200	Debout ou à genou.	cible mobile.
»	600	Couché.	cible de 5 largeurs d'homme.

b) Tirs collectifs aux distances connues.

Les séances ont lieu hebdomadairement, tantôt avec cartouches à blanc, tantôt avec cartouches à balle. — Chaque séance de cinq salves.

Recherche des champs de tir autorisant le tir de 400 à 1,800 mètres. Lorsque les dimensions du champ de tir ne s'y prêtent pas, brûler tout au moins les cartouches à blanc aux plus grandes distances.

Le feu est toujours exécuté à genou ou couché; à genou sur deux rangs, couché sur un rang, les hommes à un pas d'intervalle.

Emploi constant d'une seule hausse.

Critique obligée de la séance.

2° LE TIR DE COMBAT

a) *Tir individuel aux distances inconnues.* — Une fois tous les deux mois (mois impairs) aux distances entre 100 et 500 mètres. — 5 cartouches dans chaque séance.

Les hommes cherchent à utiliser le terrain, règlent la hausse, etc. — Attention appelée sur les fautes commises, etc.

b) *Feu de salve aux distances inconnues.* — Une fois tous les deux mois (mois pairs) — sous la direction du chef de bataillon qui règle le tour des compagnies. Les chefs de compagnie cèdent le commandement à leur lieutenant; 10 cartouches, — Le chef de bataillon note la hausse donnée; le tir terminé, les hommes amenés aux cibles pour constater les résultats de leur tir.

c) *Tir de combat proprement dit* (*eigenlijke gevechtsschieten*). — Chaque compagnie satisfait à cet exercice une ou deux fois par an.

Réunion de plusieurs compagnies pour constituer une compagnie à l'effectif de guerre, — au moins 20 cartouches par homme.

Thème suivi par le commandant de la compagnie.

Objectif : Une compagnie en formation de combat. — Ne pas s'approcher des cibles figurant les tirailleurs à plus de 300 mètres.

Cibles en usage dans l'armée hollandaise.

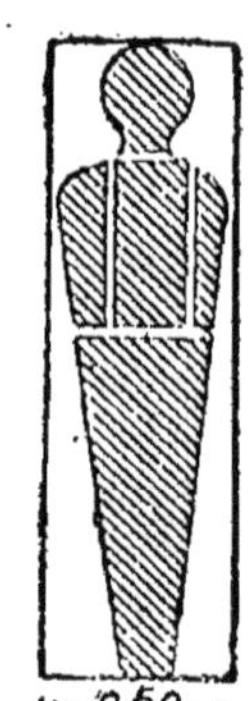

Dreimansschijf.

BELGIQUE

TIR INDIVIDUEL

a) Tir préparatoire. — 3 séances : 75, 125 et 175 mètres ; 5 balles : 2 debout sur appui, 2 debout à bras francs, la dernière à genou.

b) Série des tirs individuels.

N°s	DISTANCE	BALLES À METTRE	CIBLES	HAUSSES	
1	125	5	n°s 1	300	1 debout appui, 2 et 3 debout bras francs, 4 et 5 à genou.
2	200	4	Id.	300	1 debout appui, 2 et 3 debout bras francs (2 et 3 à commandement).
3	250	3	Id.	300	Id.
4	150	3	n°s 2	200	1 debout appui, 2 et 3 à genou, 4 et 5 à genou.
5	100	3	3	200	1 debout appui, 2, 3, 4, 5 couché.
6	350	3	4	400	1 debout appui, 2 et 3 debout bras francs, 4 et 5 à genou.
7	450	3	5	450	1 debout appui, 2, 3, 4, 5, au choix du tireur (2 et 3 à commandement).
8	600	2	6	600	1 debout appui, 2, 3, 4, 5 au choix du tireur.
9	900	2	7	900	1 debout appui, 2, 3, 4, 5, au choix du tireur.
10	1.300	2	Id.	1.300	1 debout appui, 2, 3, 4, 5 au choix du tireur.

2e *Tirs spéciaux.*

A savoir :

a) Tir individuel aux distances inconnues ;

b) Tir sur cibles à éclipses (tir d'entretien);
a) Tir individuel aux distances inconnues.

1re séance,	3 balles	cible figurant un groupe debout.
—	3 balles	— — à genou.
2e séance,	4 balles	— — couché.

Distance entre 250 et 500 m. On prend toutes les dispositions commandées pour que le tireur ignore la distance exacte ou puisse se renseigner auprès d'un de ses camarades.

a) *Tir sur cibles à éclipse.* — Tir d'entretien pratiqué pendant les mois d'hiver. — Cinq séances, trois balles par séance.

2° TIR DE COMBAT

a) Tir de groupe ;
b) Tir de position ;
c) Tir d'ensemble.

a) *Tir de groupe.* — Groupe de 12 à 16 hommes sur un rang. Chaque homme tire 5 balles, dont trois au commandement et deux à volonté. La cible représente un groupe debout, à genou ou couché. Distance entre 300 et 700 mètres. Tireurs conduits aux cibles pour constater les résultats.

b) *Tir de position.* — Cinq cartouches par homme. Distance entre 700 et 1,300 m. Objectif : Colonne de compagnie. La troupe qui tire déploie ses groupes à 5 ou 10 pas d'intervalle ; dans chaque groupe, les hommes sur un rang coude à coude.

La compagnie ainsi formée est conduite par

son chef sur l'emplacement fixé par le chef de bataillon.

Salves d'essai.

Deux feux de salve (emploi facultatif de 2 et 3 hausses).

Un feu à volonté (une balle).

Critique.

c) *Tir d'ensemble.* — Il est formé une compagnie à l'effectif de guerre.

Exécution sous la surveillance du chef de bataillon d'un thème tactique donné par le colonel.

Objectif : Une compagnie en formation de combat. En sus de 18 cartouches allouées pour le tir, on y emploie toutes les cartouches d'économie.

Constatation des résultats.

Ce tir est avant tout un exercice de tactique pratique.

Cibles en usage dans l'armée belge.

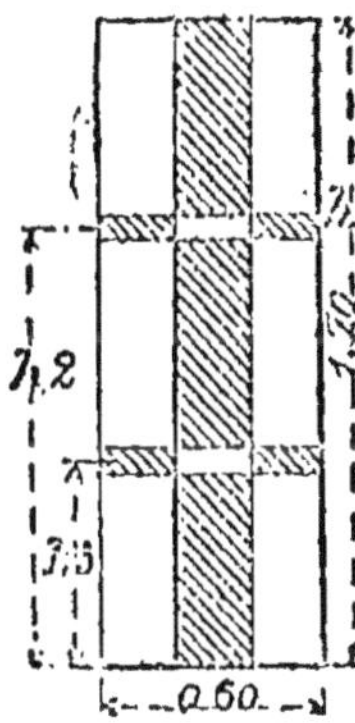

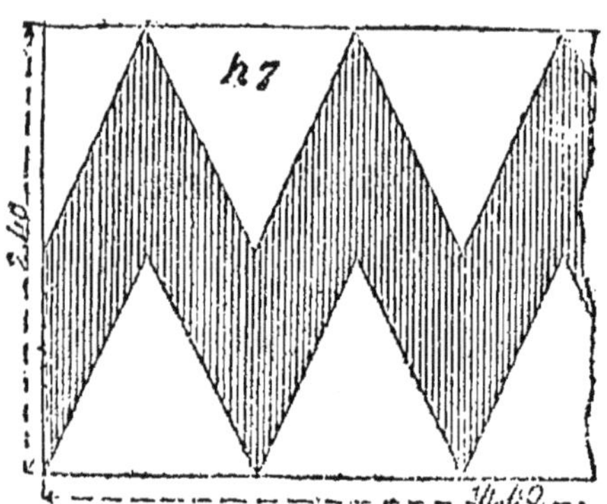

Cible n° 1. — Dans les rectangles blancs supérieurs et inférieurs, 1 point ; dans le rectangle du milieu et dans les raies et bandes noires, 2 points; dans la bande noire du rectangle du milieu, 3 p.

Cibles n°s 2 et 3. — Toutes les balles mises, 1 point.

Cible n° 4. — Formée de la réunion de trois cibles n° 1.

Dans le panneau central, les points sont comptés comme dans la cible n° 1; dans les panneaux de côté, les balles mises ne marquent qu'un point.

Cible n° 5. — Formée de six cibles n° 2.

Cible n° 6. — Formée de six cibles n° 1.

Cible n° 7. id. id.

Les balles mises dans les cibles n°s 5, 6 et 7 comptent pour un point.

DANEMARK

a) Exercices préparatoires.
b) Série des tirs individuels.

c) Tirs spéciaux. { Pendant l'hiver. Pendant le séjour aux camps d'instruction.

a) *Exercices préparatoires.*

Distance : 63 mètres.

Cartouches à blanc	Cartouches à balle	
4	4	debout appui.
4	4	debout br. francs.
»	2	à genou.
8	10	

b) *Série des tirs individuels.*

1re SÉRIE (b')

Les 3 classes de tireurs.

1	126 (200) m.	5 b.	4 b. debout, bras francs, dernière à genou.
2	189 (300)	5	Id.
3	252 (400)	5	Id.
4	378 (600)	5	2 b. debout, bras francs, 3 à genou.
5	126 (200)	5	4 b. debout, bras francs, dernière à genou.
6	189 (300)	5	Id.
7	252 (400)	5	Id.
8	378 (600)	5	2 debout, 3 à genou.

Les 2e et 3e classes de tireurs.

9	126 (200)	10 b.	4 b. debout, bras francs, dernière à genou.
10	189 (300)	5	Id.
11	252 (400)	10	Id.
12	378 (600)	10	2 b. debout, 3 b. à genou.

1re classe.

9	378 (600)	5	2 debout, 3 à genou.
10	504 (800)	10	3 b. couché sans appui, 2 b. à la volonté du tireur.
11	630 (1,000)	10	Sur appui d'un parapet.
12	756 (1,200)	10	Id.

2e SÉRIE (*b''*)

1	252 (400)	2	Hausse correspondante.
2	378 (600)	2	Id.
3	126 (200)	2	Hausse fixe, cran de 63 m. (100).
4	189 (300)	2	Id.
5	252 (400)	2	Id.

c) Tirs spéciaux.

Pendant l'hiver (5 cartouches à balle, 2 cartouches à blanc) :

1re classe.	630 (1000) / 756 (1200)	2e classe	378 (600 / 504 (800)	3e classe	252 (400) / 378 (600)

2° Pendant le séjour aux camps d'instruction.

Distance 252 m. (400), deux cartouches à blanc et cinq cartouches à balle.

Cibles en usage dans l'armée danoise.

Les cibles sont d'un même modèle, les dimensions varient avec les distances.

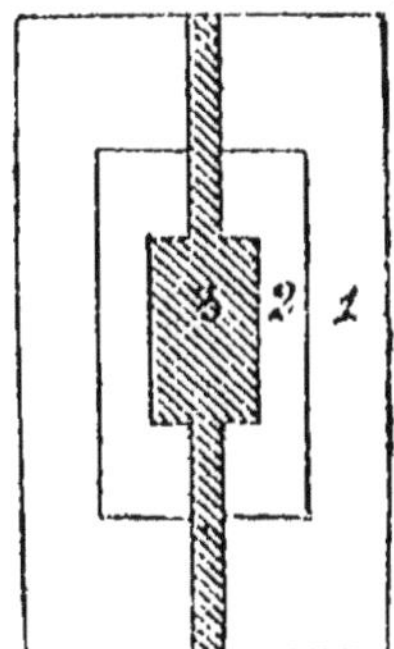

NORWÈGE

1) Tirs préparatoires.
2) Série des tirs individuels.
3) Tir spécial.
4) Tir de combat.

1° *Tir préparatoire pour les recrues* (5 balles).

				à obtenir :
1	63 m.	(600)	debout appui.	30 points
2	126	(200)	Id.	25
3	189	(300)	Id.	20
4	63	(100)	debout, bras francs.	30
5	126	(200)	Id.	20
6	189	(300)	couché (avec ou sans appui).	20
7	126	(200)	à genou.	20
8	189	(300)	Id.	20
9	252	(400)	couché (avec ou sans appui).	10
10	252	(400)	à genou.	8
11	189	(300)	debout, bras francs.	15
12	252	(400)	Id.	80

2° *Série de tirs individuels :*

N° 1. — 126 — 200 — debout ou à genou, bras francs.
2. — 189 — 300 — à genou.
3. — 252 — 400 — couché, avec ou sans appui.
4. — 189 — 300 — debout, bras francs.
5. — 252 — 400 — d° d°
6. — 315 — 500 — au choix du tireur.

3° *Tir spécial.* — Septième tir spécial aux tireurs qui, dans les six exercices ci-dessus, ont satisfait aux conditions pour être tireurs d'élite.

5 cartouches à 378 m. (600) au choix du tireur.

4° *Tir de combat.* — L'instruction norwégienne de 1878 distingue :

a) Le feu de tirailleurs.
b) Le feu de salve.

a) *Feu de tirailleurs.* — Rien à noter, si ce n'est que chaque tireur fait porter ses coups dans une cible qui lui est spécialement affectée.

b) *Feu de salve.* — Sous la direction du commandant de compagnie. — Thème tactique. — Distances inconnues. — 10 cartouches par homme, ainsi que les cartouches d'économie. — Objectif : Une compagnie en formation de combat. — Ne pas se rapprocher à plus de 126 m (200) des cibles figurant les tirailleurs.

Cibles en usage dans l'armée norwégienne.

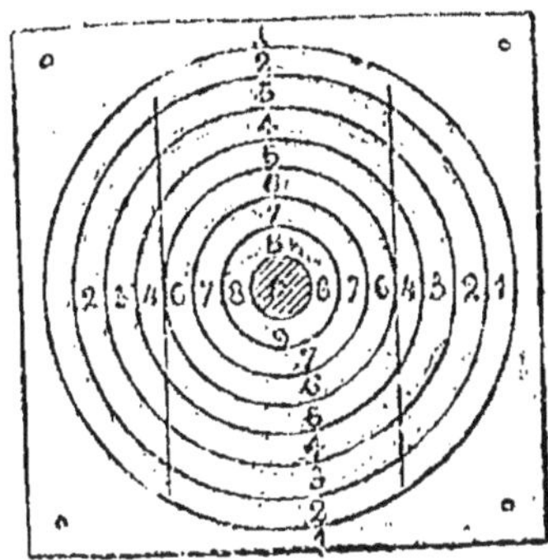

Y a-t-il lieu de résumer dans un dernier alinéa toutes les données éparses dans ce chapitre VI, que nous venons de terminer ?

Nous ne le pensons pas.

Comme nous l'avons énoncé au début du chapitre, nous avons simplement souhaité mettre sous les yeux de nos camarades une série de tableaux leur permettant la comparaison entre les errements suivis à l'étranger et les pratiques adoptées dans notre armée.

Nous nous sommes aussi efforcé de grouper tout ce qui tenait à l'enseignement et à la pratique du tir, ne ménageant pas nos critiques aux méthodes et aux exercices qui nous paraissent susceptibles de perfectionnement, mais n'oubliant pas non plus d'approuver les procédés dont l'excellence et le bien compris sollicitent un éloge mérité.

Un dernier mot encore, pour réclamer la bienveillante indulgence de nos camarades; qu'ils veuillent bien aider cette modeste étude à arriver jusqu'à celui pour lequel elle saurait être d'un profit quelconque, si réduit, si infime que soit ce profit.

E. B,

NOTE

Alors que cette étude était déjà sortie des mains de l'auteur, de sérieuses modifications sont survenues en ce qui concerne l'enseignement du tir dans l'armée anglaise.

L'instruction du tir est donnée aujourd'hui par le commandant de la compagnie secondé par ses officiers.

Les commandants de compagnie doivent être complètement à même de donner cette instruction en tous ses détails. Ceux d'entre eux qui n'ont pas le certificat de l'école de *Hythe* suivront des cours spéciaux institués à cet effet. Ils auront à subir des épreuves devant un comité formé de trois officiers brevetés (*first certificate*), dont l'un sera, s'il est possible, le délégué assistant adjudant général de tir du district.

Un sous-officier, par compagnie, suivra l'instruction des officiers.

Paris et Limoges. — Henri CHARLES-LAVAUZELLE.

www.ingramcontent.com/pod-product-compliance
Ingram Content Group UK Ltd.
Pitfield, Milton Keynes, MK11 3LW, UK
UKHW020309220726
13923UKWH00003B/1038